DeutschWissen 9/10

Training
Mittlerer Schulabschluss

Von Franz Waldherr
Herausgegeben von Johannes Diekhans

Schöningh

Druck A[8] / Jahr 2024
Alle Drucke der Serie A sind im Unterricht parallel verwendbar.

Umschlaggestaltung: Werbung Kießling, Düsseldorf
Druck und Bindung: Westermann Druck GmbH, Georg-Westermann-Allee 66, 38104 Braunschweig

ISBN 978-3-14-**025119**-8

Inhaltsverzeichnis

Merkkästen im Trainingsteil

1. Literarische Texte und ihre Interpretation

Literatur ist im Sinne der Wortbedeutung (lateinisch: litteratura = Schrifttum; lateinisch: littera = Buchstabe) zunächst alles Geschriebene, also z. B. auch ein Kochrezept, ein Zeitungsartikel oder ein Text aus dem Biologiebuch.

Von literarischen Texten im engeren Sinn kann man reden, wenn Sprache in Texten nicht nur als Mittel der Verständigung dient, sondern wenn sie künstlerisch gestaltet wird, um Erdachtes und Erfundenes darzustellen. Deswegen werden literarische Texte manchmal auch als fiktionale Texte bezeichnet (englisch: fiction = Erdachtes, Erfundenes). Mit dem Lesen eines literarischen Textes entsteht vor dem inneren Auge des Lesers eine erfundene, eine „erzählte" Welt. In dieser literarisch dargestellten Welt lernt der Leser Personen und deren Schicksal kennen, die Umgebung, in der sie leben, und Erlebnisse, die diese Personen haben.

Innerhalb der fiktionalen Literatur, die entweder in Versform („gebundene" Sprache) oder in Prosa (nicht in Verse gefasste Sprache) auftritt, unterscheidet man die **drei Gattungen**

- **Dramatik** (griechisch: drama = Handlung; der Begriff umfasst alle Formen von Theaterstücken),
- **Lyrik** (griechisch: lyra = Leier; gemeint sind alle Formen von Gedichten; das Musikinstrument gab der Gattung ihren Namen, weil der Gedichtvortrag häufig von Musik begleitet wurde; auch die Texte der heutigen Pop-Musik kann man als Gedichte bezeichnen),
- **Epik** (griechisch: epikós = zum Epos gehörig; das ist die erzählende Dichtung).

Die folgende Grafik verdeutlicht, wie man sich die **Einteilung der Literatur** vorstellen kann:

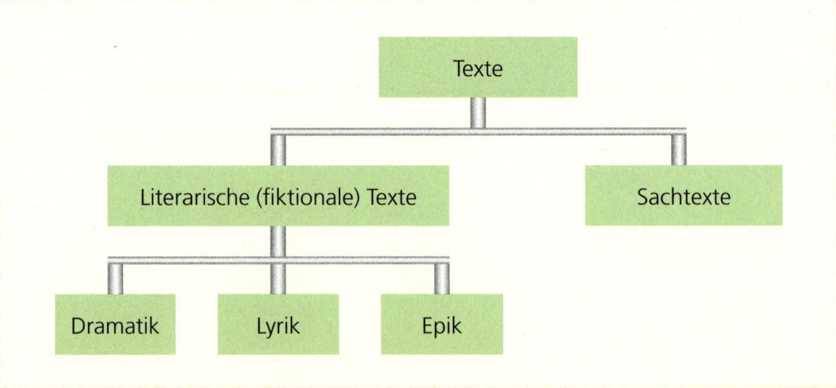

Zur Geschichte der Literatur

Die **Geschichte der Literatur** in Europa reicht fast 2800 Jahre zurück: Etwa um 750 vor Christus verfasste der griechische Dichter Homer sein bis heute weltberühmtes Doppelwerk von der Belagerung Trojas – die „Ilias", deren Name sich von dem griechischen Wort für Troja (Ilion) herleitet – und die „Odyssee", die von der Irrfahrt und Heimkehr des listenreichen Odysseus vom zerstörten Troja erzählt. Auch die ersten Theaterstücke und Gedichte sind aus dem alten Griechenland überliefert.

Das erste erhaltene Kunstwerk der **deutschen Literatur** ist das „Hildebrandslied", ein germanisches Heldenlied, das etwa um das Jahr 800 nach Christus in Fulda aufgeschrieben wurde. Bis zu diesem ersten literarischen Text in deutscher Sprache war es ein weiter Weg. Zwar lebten um das Jahr 0 dort, wo später Deutschland entstehen sollte, bereits Germanen, aber die Germanen waren noch kein einheitliches Volk und ohne eine gemeinsame Sprache. Ihre Dialekte waren so unterschiedlich, dass sich ein Bewohner des Alpenrandes wohl nicht mit einem Menschen an der Nordseeküste verstanden hätte. Erst im Verlauf der Jahrhunderte entwickelte sich aus den Dialekten und neben der Amts- und Gelehrtensprache Latein eine frühe Form des Deutschen, das so genannte Althochdeutsche. Die ersten Zeugnisse des Althochdeutschen stammen aus dem 8. Jahrhundert nach Christus, es sind Zaubersprüche, Rätsel und Lieder und sie wurden von Mönchen aus Fulda aufgeschrieben. Ein Beispiel sind die nach ihrem Fundort benannten „Merseburger Zaubersprüche":

Bên zi bêna, bluot zi bluorda,
lid zi geliden, sôse gelîmida sîn.

Bein zu Bein, Blut zu Blut,
Gelenk zu Gelenk, als ob sie geleimt wären.

Karl der Große (747 – 814), der als Alleinherrscher über das Frankenreich (aus dem später Frankreich und Deutschland hervorgingen) erstmals alle germanischen Stämme unter einer Herrschaft vereint hat, förderte die Wissenschaften und die Literatur. Und wenn auch nach seinem Tod das offizielle Interesse für volkssprachliche Dichtung verschwand, lebte diese doch vor allem in den Liedern umherziehender Spielleute weiter. Die deutsche Literatur entstand dann endgültig mit der weiteren Entwicklung des Althochdeutschen zur mittel- und neuhochdeutschen Sprache.

1.1 Epik

Unter dem Gattungsbegriff der Epik versammeln sich ganz unterschiedliche Formen erzählender Literatur. Diese Formen, wie z. B. Märchen oder Roman, nennt man gattungsspezifische **Textsorten**. Erzählt werden vor allem als vergangen angenommene Geschehnisse, sodass in der Regel in der grammatischen Zeitform der Vergangenheit geschrieben wird (episches Präteritum).

Wichtige Textsorten der Epik

Einige wichtige **Textsorten der Epik** werden im Folgenden kurz charakterisiert.

Aphorismus

Der Aphorismus besteht in der Regel aus einem Satz und formuliert in überraschender, pointierter Form eine allgemeine Wahrheit oder Erkenntnis. Beispiel: „Man sollte den Menschen die Wahrheit nicht wie einen nassen Lappen um die Ohren schlagen, sondern wie einen Mantel hinhalten, in den sie hineinschlüpfen können." (nach Mark Twain).

Anekdote

Die Anekdote ist eine knappe, mit dem Witz und der Kalendergeschichte verwandte Erzählung, in der in oft humorvoller und pointierter Form eine Person, ein Menschentyp, eine Gesellschaftsschicht oder eine denkwürdige Begebenheit charakterisiert wird. Bekannt wurden die Anekdoten Heinrich von Kleists, Johann Peter Hebels („Schatzkästlein des rheinischen Hausfreundes", 1811) und Bertolt Brechts („Kalendergeschichten", 1949). Ein Beispiel stellt der Text „Das Wiedersehen" von Bertolt Brecht dar: „Ein Mann, der Herrn K. lange nicht gesehen hatte, begrüßte ihn mit den Worten: ‚Sie haben sich gar nicht verändert.' – ‚Oh!', sagte Herr K. und erbleichte."

Fabel

Die Fabel ist eine kurze Erzählung mit lehrhafter Tendenz. In ihr verkörpern Tiere (manchmal auch Pflanzen) menschliche Eigenschaften und Verhaltensweisen. Am Anfang der europäischen Fabeldichtung steht der Sklave Aesop (um 550 v. Chr.). Bekannt wurden auch die Fabeln Gotthold Ephraim Lessings (1729 – 1781).

Gleichnis

Das Gleichnis ist ein zu einer kurzen Erzählung ausgeweiteter Vergleich, mit dem ein Sachverhalt genauer erklärt werden soll. Besonders verbreitet sind die Gleichnisse Jesu. So verdeutlicht Jesus zum Beispiel seine Überzeugung („Sachverhalt"), dass der christliche Glaube sich nach und nach über die ganze Welt verbreiten wird, indem er den Glauben mit einem winzigen Senfkorn vergleicht, welches mit der Zeit zu einer über drei Meter großen Staude heranwächst (Das Gleichnis vom Senfkorn). – Der Leser des Gleichnisses muss das Bild (das Wachsen des

Senfkorns) auf den gemeinten Sachverhalt (die Verbreitung des Glaubens) übertragen. Dabei helfen ihm in der Regel die Vergleichswörter „so" und „wie" („Mit der Ausbreitung des Glaubens ist es so, wie mit einem Senfkorn ...").

Sage

Ähnlich wie das Märchen ist die Sage eine einfache, volkstümliche Erzählung, die oft im Fantastischen oder Wunderbaren gründet. Im Gegensatz zum Märchen haben Sagen in der Regel einen Bezug zur Wirklichkeit (zum Beispiel zu einem Ort oder einem Menschen, den es tatsächlich gab und über den die Sage eine Auskunft geben möchte). Ebenfalls im Kontrast zum Märchen ist die Hauptfigur oft passiv und unterliegt unbegreiflichen Mächten. So erzählen Sagen häufig von der Ohnmacht der Menschen.

Märchen

Die Bezeichnung ist eine Verkleinerungsform des aus dem Mittelalter stammenden Wortes „maere" = Erzählung, Geschichte, Bericht. Der Inhalt des Märchens ist frei erfunden, man kann das Erzählte weder zeitlich festlegen noch räumlich bestimmen. Fantastisch-wunderbare Gestalten und Begebenheiten prägen das Märchen.
Der Erzählstil des Märchens ist durch eine realistische, der alltäglichen Ausdrucksweise angenäherten Sprache gekennzeichnet. Dieser Stil gewährt einen bruchlosen Übergang von einer vorstellbaren in eine magische Welt. – Auch formelhafte Wendungen am Anfang („Es war einmal ...") und am Schluss („... und wenn sie nicht gestorben sind ...") prägen den Erzählstil ebenso wie Zauber- und Beschwörungsverse. Ein häufig vorkommendes Merkmal ist die Zahl Drei. Sie spielt sowohl im Gesamtaufbau wie auch in einzelnen Handlungsabschnitten eine wichtige Rolle, wenn etwa der Held drei sich im Schwierigkeitsgrad steigernde Aufgaben zu bewältigen hat.
Weltberühmt wurden die Brüder Jakob und Wilhelm Grimm, die Märchen sammelten und bearbeiteten („Kinder- und Hausmärchen", 1812).

Kurzgeschichte

Kurzgeschichten sind in Anlehnung an die „short story" realitätsnahe Erzählungen von geringem Umfang. Kennzeichnend sind der offene, häufig mehrdeutige Schluss, der lineare Handlungsverlauf, der auf Details oder Ausschmückendes verzichtet, und die Typisierung der Personen, deren Charakter nicht genauer entfaltet wird. Mit dem unvermittelten Anfang und dem abrupten Schluss beleuchtet die Kurzgeschichte punktuell einen entscheidenden Moment im Leben eines Menschen. – Einen Höhepunkt in der Entwicklung der deutschen Kurzgeschichte bildeten die Jahre nach dem Zweiten Weltkrieg (1939 – 1945). Besonders bekannte Autoren sind Wolfgang Borchert (1921 – 1947) und Heinrich Böll (1917 – 1985).

Novelle

Der Begriff der Novelle entwickelte sich aus dem italienischen „novello" (= kleine Neuigkeit). Erzählt wird ein als real vorstellbares Ereignis, das von einem zentralen Konflikt geprägt ist. Dieser Konflikt wird bis zur Entscheidung durchgeführt, ohne dass zu ausführliche Schilderungen von äußeren Umständen die straffe Handlungsführung aufweichen. Eine knappe Hinführung, der Verzicht auf epische Breite, ein klar herausgearbeiteter Höhe- und Wendepunkt, oft zum Unerwarteten, rücken die Erzählweise der Novelle in die Nähe des Dramas. So konnte Theodor Storm (1817–1888) die Novelle als „epische Schwester des Dramas" bezeichnen. Ein viele Novellen kennzeichnendes Merkmal sind Erzähltechniken der Vorausdeutung auf den Ausgang des Konflikts, indem Leitmotive (im selben oder annähernd gleichen Wortlaut wiederkehrende Aussagen, die durch ihr wiederholtes Auftreten gliedernd und akzentuierend wirken) oder Dingsymbole (Gegenstände von symbolischer Bedeutung, die an wichtigen Stellen eines Textes erscheinen) verwendet werden.
Die Novellensammlung „Das Dekameron" (entstanden 1348–1353) des italienischen Dichters Giovanni Boccaccio (1313–1375) wurde zum Vorbild für die epische Form der Novelle.

Roman

Zunächst unterscheidet sich der Roman von der Novelle und Kurzgeschichte durch seinen größeren Umfang. Er gestaltet keine Einzelereignisse, sondern größere Zusammenhänge aus dem Leben einer oder mehrerer Personen; oft umschließt er einen ganzen Lebenslauf oder sogar mehrere Generationen. – Am Anfang des deutschen Romans steht Hans J. C. von Grimmelshausens (1621–1676) Roman „Simplicissimus" (1669), der von den Wirren des Dreißigjährigen Krieges (1618–1648) erzählt. Mit dem 18. Jahrhundert wird der Roman zur beliebtesten Form literarischer Unterhaltung und hat eine kaum übersehbare Fülle von Inhalten und Unterarten entwickelt.

Damit ein längerer epischer Text, zum Beispiel ein Roman, entstehen kann, muss eine Autorin oder ein Autor zunächst eine Romanidee haben. Für diese Idee wird dann nach Material geforscht und nach und nach entwickelt sich eine Handlung – die Erzählung nimmt Gestalt an. Während dieses Prozesses muss der Autor immer wieder Entscheidungen treffen, die ihm helfen, die Handlung seiner Erzählung zu organisieren. Der Autor muss beispielsweise:

- die Zahl und den Charakter seiner Figuren festlegen;
- entscheiden, zu welcher Zeit sich das Geschehen ereignet und über welchen Zeitraum es sich erstreckt;
- die Schauplätze, die „Räume" der Handlung bestimmen;
- die Form der sprachlichen Vermittlung bedenken und schließlich überlegen,
- aus welcher Sicht die Ereignisse erzählt werden (Erzählperspektive).

So wird die Handlung eines epischen Textes durch die erwähnten Gestaltungsmerkmale Figuren, Zeit, Raum, Sprache und Erzählperspektive nach und nach organisiert; man nennt diese Merkmale auch Strukturmerkmale oder Elemente epischer Texte.

Folgende **Elemente epischer Texte** werden unterschieden:

Elemente epischer Texte

Figur

Figuren tragen in epischen Texten die Handlung. Wenn man die Figuren im Handlungsaufbau genauer untersucht, kann man drei Fragen nachgehen:

- Wie sind die Beziehungen der Figuren untereinander gestaltet (Konstellation)?
- Ist eine Figur statisch oder dynamisch, mit vielen oder wenigen Merkmalen, geschlossen oder offen angelegt (Konzeption)?
- Wird eine Figur direkt oder indirekt charakterisiert (Charakterisierung)?

Zeit

Gestaltet eine Autorin oder ein Autor die zeitlichen Abläufe der Handlung, geht es zum einen um die Reihenfolge des Erzählten und zum anderen um die Dauer des Erzählten.

Im Hinblick auf die Reihenfolge des Erzählten ist das chronologische Erzählen üblich: Die Ereignisse werden von Anfang bis zum Ende in der vom Leser erwarteten Abfolge präsentiert. Varianten der chronologischen Erzählung sind Rückblenden und Vorausdeutungen.
Auch bezüglich der Dauer des Erzählten ergeben sich verschiedene Möglichkeiten der Gestaltung. Um diese darstellen zu können, wird zunächst unterschieden zwischen der so genannten „erzählten Zeit" (das ist der Zeitraum, über den sich ein Ereignis erstreckt) und der „Erzählzeit" (das ist die Lesezeit, die ein Leser benötigt, um von diesem Ereignis zu erfahren). Aus dem Verhältnis von „Erzählzeit" (Lesezeit) und „erzählter Zeit" lassen sich die verschiedenen Möglichkeiten der Gestaltung ableiten:

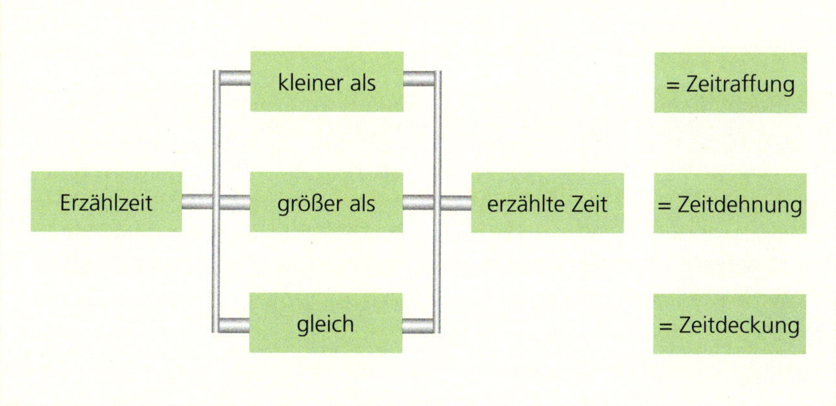

Das zeitdeckende Erzählen ist sehr selten; in der Regel fasst ein Autor die Zeit, von der er in einem Text erzählt, zusammen (zeitraffendes Erzählen). Es gibt aber auch Ereignisse, in denen einer Figur ein Moment „wie eine Ewigkeit" vorkommt. Wird dies genau beschrieben, wendet der Autor das zeitdehnende Erzählen an.

Sprache

Die beiden Sprechsituationen eines erzählenden Textes lassen sich mit den Begriffen Figurenrede und Erzählerbericht erfassen. „Figurenrede" (auch: Personenrede) meint dabei alle direkt und indirekt wiedergegebenen Äußerungen und Gedanken einer Figur. Mit dem Begriff „Erzählerbericht" bezeichnet man alle anderen Elemente eines Erzähltextes, die nicht Äußerungen und Gedanken einer Figur sind. Auf diese Passagen eines Textes beziehen sich Interpretationsverfahren, die aus der Mittelstufe bekannt sind, wie etwa Untersuchungen zum Satzbau, zur Wortwahl oder zur Ermittlung rhetorischer Figuren.

Um die Äußerungen und Gedanken einer Figur zum Ausdruck zu bringen (Figurenrede), stehen einem Autor fünf Spielarten zur Verfügung: Die direkte Rede, die indirekte Rede, der innere Monolog, der Bewusstseinsstrom und die erlebte Rede. Der innere Monolog wird hier als ein stummes Selbstgespräch verstanden. Der Bewusstseinsstrom *(stream of consciousness)* ist – ebenso wie der innere Monolog und die erlebte Rede – eine Erzähltechnik des 20. Jahrhunderts, die dem zunehmenden Interesse der Autoren an psychischen Vorgängen entspringt. Der *stream of consciousness* vermittelt eine assoziative Folge von Eindrücken, Bildern und Gedanken einer Figur, die beim Leser das Gefühl des unmittelbaren Miterlebens erzeugt. Die erlebte Rede *(style indirect libre)* eignet sich ebenfalls zur Wiedergabe nicht ausgesprochener Gedanken. Im Gegensatz zum aufgelösten Satzbau (Syntax) des Bewusstseinsstroms lässt sich die erlebte Rede grammatikalisch erfassen: 3. Person, Indikativ, meist Präteritum. Auch für die erlebte Rede ist das Bemühen charakteristisch, den seelischen Zustand einer Figur widerzuspiegeln. Das folgende Schema fasst die Formen der Figurenrede zusammen und ergänzt sie um ein Beispiel:

Figurenrede

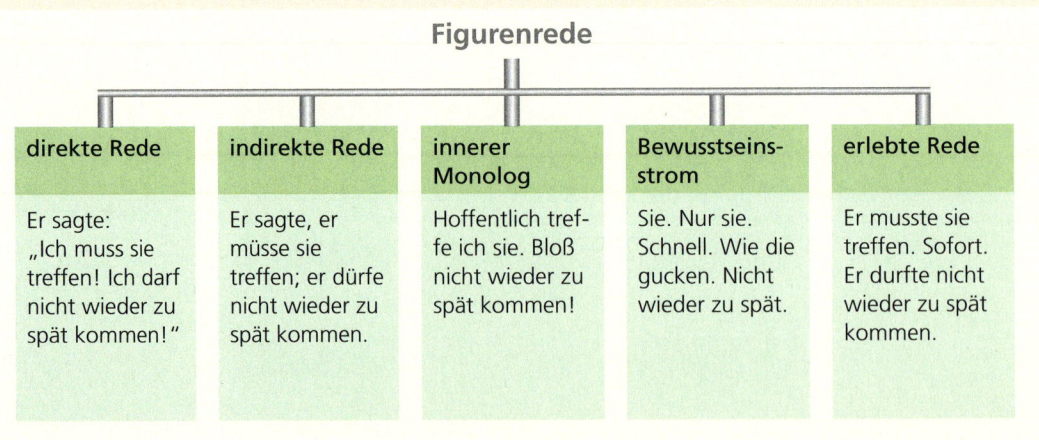

direkte Rede	indirekte Rede	innerer Monolog	Bewusstseinsstrom	erlebte Rede
Er sagte: „Ich muss sie treffen! Ich darf nicht wieder zu spät kommen!"	Er sagte, er müsse sie treffen; er dürfe nicht wieder zu spät kommen.	Hoffentlich treffe ich sie. Bloß nicht wieder zu spät kommen!	Sie. Nur sie. Schnell. Wie die gucken. Nicht wieder zu spät.	Er musste sie treffen. Sofort. Er durfte nicht wieder zu spät kommen.

Erzählperspektive

Der Autor eines Textes wird vom so genannten „Erzähler" des Textes unterschieden. Als fiktive Gestalt ist der Erzähler nur ganz selten mit dem Autor identisch. Die Erzählperspektive ist der Blickwinkel, mit dem der „Autor als Erzähler" die Ereignisse der Handlung wiedergibt und bewertet, sodass man neben dem Begriff der Erzählperspektive auch den des Erzählverhaltens verwenden kann. Die Erzählperspektive kann auch als Standpunkt verstanden werden, von dem aus die Geschichte erzählt wird. Sie ist dann in etwa mit einer Kamera vergleichbar, die zum Beispiel eine Person von unten filmt (Untersicht) oder von oben (Obersicht) und damit für ein und dieselbe Figur eine ganz unterschiedliche Wirkung erzielt.
Es lassen sich zwei Grundformen der Erzählperspektive unterscheiden: die auktoriale und die personale Erzählperspektive. Wird das Geschehen von einem Standpunkt außerhalb der Romanfiguren organisiert, spricht man von auktorialer Erzählperspektive. Diese ist u.a. durch das wertende Auftreten des Autors als Erzähler im Text, durch Anrede des Lesers und Vorausdeutungen gekennzeichnet. Auktoriales Erzählen ist allwissendes Erzählen. Wird dagegen das Geschehen allein aus dem Blickwinkel einer oder mehrerer Romanfiguren organisiert, handelt es sich um eine personale Erzählperspektive. Der Autor als Erzähler tritt nicht in Erscheinung. Personales Erzählen ist perspektivisch begrenztes Erzählen. Eine vermittelnde Instanz fehlt, sodass der Eindruck von Unmittelbarkeit entsteht. Das personale Erzählen tritt selten in reiner Form auf, ein bekanntes Beispiel ist die Kurzgeschichte „Das Fenstertheater" von Ilse Aichinger. – Besonders in modernen Texten findet sich als weitere Variante der Erzählperspektive eine Erzählweise, die wie ein Beobachterbericht wirkt und als neutrales Erzählverhalten charakterisiert werden kann. Die beiden Grundformen der Erzählperspektive lassen sich so zusammenfassen:

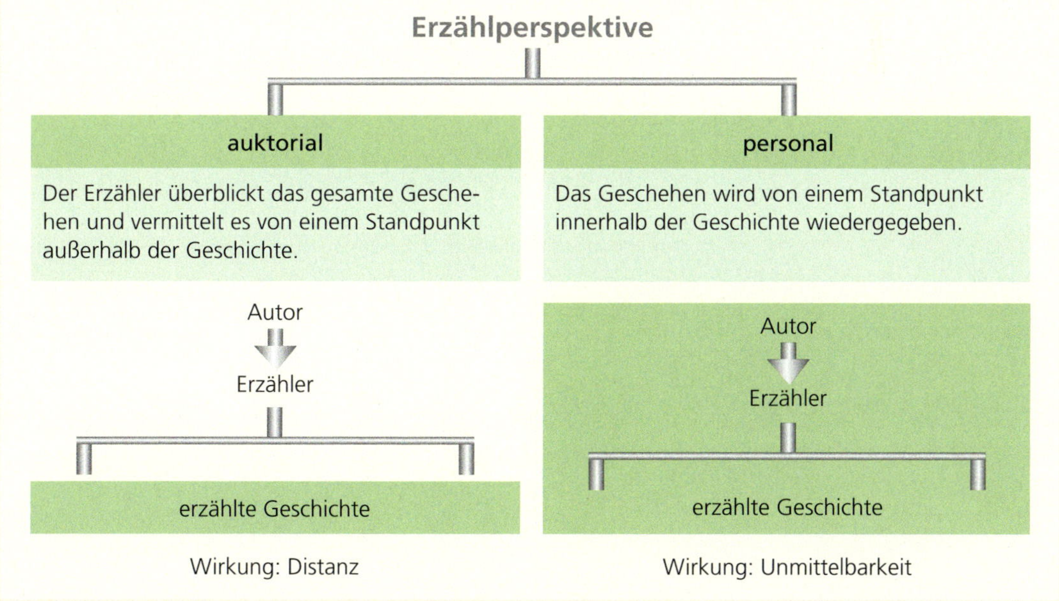

Die Merkmale zur Unterscheidung von auktorialer und personaler Erzählweise lassen sich auch tabellarisch veranschaulichen:

auktorial

- Anrede des Lesers durch den Autor/Erzähler
- Offenlegen der Erzählerentscheidungen (z. B. über Auswahl und Raffungen)
- Eingriff des Autors/Erzählers in das Geschehen durch Verweis auf Zukünftiges, Kommentierung und Wertung
- Beisteuern eigener Gedanken, oft mit dem Appell an den Leser verbunden, selbst zu werten
- Es werden in der Regel Gedanken und Gefühle aller Personen geschildert.
- Es kann erzählt werden, was gleichzeitig an verschiedenen Orten passiert.

personal

- bewusst begrenzte Perspektive aus der Sicht einer oder mehrerer Personen
- Verzicht auf erläuternde Bemerkungen (kein Erzähler-Leser-Dialog)
- Gespräche werden fast ausschließlich in direkter Rede wiedergegeben.
- Bewusstseinsinhalte werden häufig durch inneren Monolog oder erlebte Reden vermittelt.

1.2 Dramatik

Neben Epik und Lyrik gehört die Dramatik zu den drei Gattungen der Literatur. – Das bestimmende Merkmal eines Dramas ist die **szenische Aufführung**, in der sich die Handlung vor allem im Dialog entfaltet. Im Gegensatz zum Dialog sind weitere sprachliche Formen wie Monolog oder Beiseitesprechen von eher untergeordneter Bedeutung.

Wesentliches Kennzeichen der Handlung eines Dramas ist der **dramatische Konflikt**, der sich in einer Figur als Widerstreit zwischen gegensätzlichen Werten oder als Auseinandersetzung von Figuren mit einer Gegenmacht äußert. Pole des dramatischen Konflikts können Gefühl und Vernunft, Freiheit und Zwang oder Liebe und Pflicht sein.

Die Darstellung und Entwicklung des Konflikts vollzieht sich im **Spannungsbogen der dramatischen Handlung**: Dabei führt die Exposition in die Figuren ein und stellt deren für den Konflikt verantwortliche Lebensumstände dar. In meist starker Konzentration der Handlung steigert sich der Konflikt bis zum Höhepunkt, bevor es zu einer Wendung zum Guten oder einer Auflösung des Konflikts im Scheitern kommt.

Folgende **Elemente dramatischer Texte** sind wichtig für die Ausgestaltung des dramatischen Konflikts:

Elemente dramatischer Texte

Akt

Der Akt, manchmal auch als **Aufzug** bezeichnet, umfasst einen größeren Handlungsabschnitt eines Dramas. Eine große Zahl bekannter Dramen beinhaltet die Einteilung in drei oder fünf Akte.

Szene

Der Begriff ist vom griechischen Wort „skené" abgeleitet, das im altgriechischen Theater das (zunächst hölzerne) Bühnenhaus mit den Ankleideräumen bezeichnete, später dann die Bühnenwand meinte, vor der die Schauspieler auftraten. – Als Gliederungseinheit des Aktes kann die Szene mit dem **Auftritt** gleichgesetzt werden, dessen Beginn und Ende mit dem Auftreten oder Abgang von Figuren definiert wird.

Dialog

Die Ausgestaltung der Handlung und Charakterisierung der Figuren erfolgt im Dialog (von griechisch „diálogos" = Unterredung, Gespräch). Der Dialog ist ein Gedankenaustausch zweier oder mehrerer Personen in Form der Wechselrede.

Monolog

Der Monolog (von griechisch „monólogos" = allein, mit sich selbst redend) ist das Selbstgespräch einer einzelnen Figur, in dem der Gang der Handlung oder bestimmte Situationen bedacht und kommentiert werden.

Exposition

Die Exposition (von lateinisch „exponere" = heraussetzen, herausstellen, darstellen) bildet den Einleitungsteil einer dramatischen Handlung. Sie führt in die Situationen und Verhältnisse ein, die die Ursache des dramatischen Konflikts bilden.

Peripetie

Die Peripetie (von griechisch „peripéteia" = Wendung) bezeichnet die meist überraschende, unerwartete Wende in der dramatischen Handlung und im Schicksal der dramatischen Hauptfigur. Mit dem Wendepunkt, den die Peripetie bildet, schlagen die Glücksumstände der Figur plötzlich um und sie hat nur noch wenige oder keine Möglichkeiten mehr, Einfluss auf die schicksalhaften Ereignisse zu nehmen.

Retardierendes Moment

Das retardierende Moment ist eine Verzögerung im Verlauf der dramatischen Handlung. Diese Verzögerung dient der Spannungssteigerung, weil in ihr scheinbar Lösungsmöglichkeiten für den das Drama bestimmenden Konflikt aufgezeigt werden.

Zur Geschichte des Dramas

Das **griechische Drama** stellt den Beginn der **Geschichte des Dramas** in Europa dar. Es entstand etwa ab 600 vor Christus im Zusammenhang mit den Feiern zur Verehrung des Gottes Dionysos, dem Gott des Weines, des Rausches und der Ekstase. Als Böcke verkleidete Chorsänger (griechisch „tragoidia" = Bocksgesang; später: tragisches Drama) besangen Leiden und Glück des Gottes. Später kamen ein Einzelsprecher, dann weitere Schauspieler hinzu, sodass sich allmählich der dramatische Dialog und dann auch die dramatische Handlung entwickeln konnten. Der Inhalt wurde in Versen dargeboten und den Götter- und Heldengeschichten entnommen. – Eine erste Blütezeit erlebte das europäische Drama ab 1500 in Italien, Spanien, Frankreich und England. Aus dieser Zeit stehen bis heute zum Beispiel die Dramen des Engländers William Shakespeare (1564 –1616) auf den Spielplänen der Theater. Die deutsche Dramendichtung erreichte mit Gotthold Ephraim Lessing (1729 –1781) einen ersten Höhepunkt.

Klassisches Drama

Das **klassische Drama** ist ein Sammelbegriff für Dramen, die einheitliche Merkmale in der Gestaltung aufweisen; diese Formmerkmale sind aus den Dramen im alten Griechenland, aber auch aus vielen europäischen Dramen ab etwa 1500 nach Christus abgeleitet und können durch folgende Skizze veranschaulicht werden:

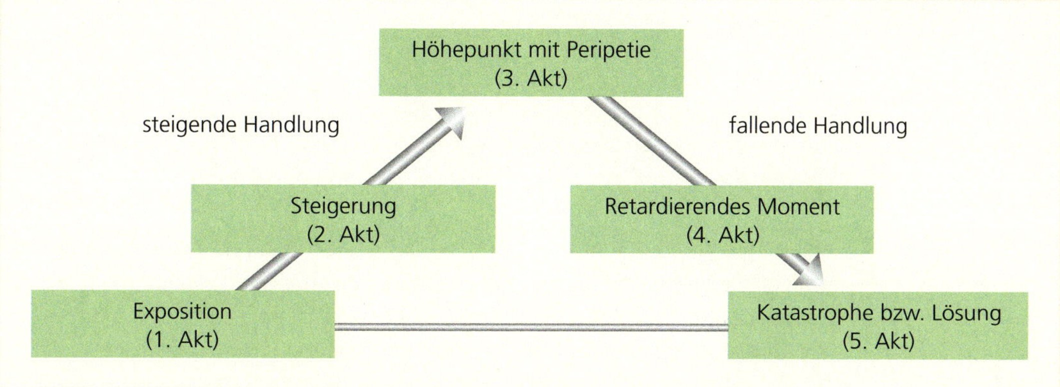

Die Skizze macht auch deutlich, dass die Entwicklung der Handlung beim klassischen Drama einsträngig ist; sie verläuft zielstrebig ohne Sprünge und Nebenhandlungen und in einem begrenzten Zeitraum. Im Zentrum steht ein Konflikt, der als innerer seelischer Kampf und als eindeutige, äußere Gegnerschaft zweier Parteien entfaltet wird. Die verbreitetsten Formen des klassischen Dramas sind die Tragödie und das Trauerspiel, sodass sich zumeist eine tragische Auflösung des Konflikts ergibt. Darüber hinaus prägen nur wenige – und meistens dem adeligen oder dem gehobenen bürgerlichen Stand angehörige – Figuren das klassische Drama. Ihre Sprache ist gehoben und liegt oft weit über der Sprache des Alltags. Die Konstellation der Figuren ist meistens symmetrisch, das bedeutet, dass Spieler und Gegenspieler mit ihren jeweiligen Vertrauten gleichmäßig angeordnet sind.

Modernes Drama

Dem klassischen Drama – andere Bezeichnungen hierfür sind: traditionelles, aristotelisches, geschlossenes oder tektonisches Drama – wird das moderne Drama gegenübergestellt. Schon William Shakespeare (1564 – 1616) löste sich als einer der ersten Dramendichter von der strengen Form des klassischen Dramas. Für das **moderne Drama** (auch: offenes Drama) sind eine Vielzahl von Formen charakteristisch, so zum Beispiel

- *die Komödie* (mit Vorläufern aus dem antiken Griechenland),
- *das Schauspiel* (als Bezeichnung für ernste, aber nicht tragische Dramen),
- *das analytische Drama* (dessen eigentliche Handlung vor seinem Beginn liegt und im Verlauf des Dramas nach und nach enthüllt wird),
- *das epische Theater,* das von Bertolt Brecht (1898 – 1956) berühmt gemacht wurde und den Zuschauer zu einem distanziert-kritischen Betrachter des auf der Bühne Gezeigten machen will,
- *das absurde Theater*, das mit der Darstellung des Sinnlosen und mit absurder Logik provozieren will,
- *das Dokumentartheater*, dem es um politische und gesellschaftskritische Aussagen geht und das dabei Fakten und Dokumente in das Bühnengeschehen einbaut,
- *die Tragikomödie*, die vor allem mit dem Namen Friedrich Dürrenmatts (1921 – 1990) verbunden ist und in der sich tragische und komische Elemente wechselseitig durchdringen.

1.3 Lyrik

Neben Epik und Dramatik ist die Lyrik die dritte der literarischen Gattungen. Ihr Name leitet sich von griechisch „lyrikós" (zum Spiel der Lyra gehörend) ab und verweist damit auf den musikalischen Ursprung der Gattung, der im religiösen Gesang der Griechen liegt. Die ältesten Gedichte Europas sind etwa 2500 Jahre alt und stammen aus Griechenland. Seitdem haben Gedichte eine große Vielfalt von Formen entwickelt, wobei sich der Zusammenhang zu Gesang und Musik bis heute erhalten hat. Auch die Hip-Hop-, Blues-, Pop- und Rockmusiker schreiben ihre Gedichte, ihre „lyrics", selber und tragen sie mit ihren Bands vor.

Zur Geschichte der Lyrik

Die **Geschichte der Lyrik** in deutscher Sprache beginnt im **Mittelalter**. Neben der lateinischen Lyrik, die etwa ab dem Jahr 900 nach Christus vor allem in den Klöstern gepflegt wurde, entwickelten die Ritter eine eigene Literatur. Die Ritter waren schwer bewaffnete Reiter, die für ihren jeweiligen Herrn in eine Schlacht zogen. Nach und nach bildeten sie einen eigenen Stand, für den sie selbstbewusst eine typische Lebensweise entwickelten, was sich auch in der Literatur äußerte: Am Hof der Ritter entstand eine höfisch-weltliche Dichtung in mittelhochdeutscher Sprache, die das Leben am Hofe zum Gegenstand hatte und die neuen Tugenden der Ritter besang, z. B. êre, triuwe, staete, zuht, mâze und minne. Es galt, Ansehen und Achtung (êre) zu gewinnen, und dazu musste man Gott und seinem Herrn treu (triuwe) und zuverlässig (staete) dienen sowie ein zucht- und maßvolles (zuht, mâze) Leben führen. Von besonderer Bedeutung für das Verständnis mittelalterlicher Gedichte ist das Wort *minne*. In der „hohen Minne" verehrte der Dichter eine höher gestellte Frau, um deren Ansehen noch weiter zu steigern. Der bekannteste deutsche Minnesänger, Walther von der Vogelweide (1170 – 1230), bevorzugte die so genannte „niedere Minne", mit der er gegenseitige Zuneigung und wirkliche Gefühle ausdrücken wollte. Das Gedicht eines unbekannten Autors gilt als besonders gelungener Ausdruck der niederen Minne; es ist fast tausend Jahre alt und muss dennoch nicht in unser heutiges Deutsch übersetzt werden:

Dû bist mîn, ich bin dîn:
des solt dû gewis sîn.
dû bist beslozzen
in mînem herzen:
verlorn ist daz slüzzelîn:
dû muost immer drinne sîn.

Die ritterliche Literatur entfaltete sich – unter anderem mit der bis heute nacherzählten und verfilmten Artus-Sage – zuerst in Frankreich ab etwa 1150 und war bis etwa 1250 von Bedeutung. Dass es in den Texten der höfischen Literatur oft eher um Ideale und Wünsche ging als um die tatsächlichen Zustände, zeigt der skeptische Ton des wohl berühmtesten Gedichts aus dem Mittelalter, das von Walther von der Vogelweide stammt und 1198 entstanden ist:

Ich saz ûf eime steine

Ich saz ûf eime steine
und dahte bein mit beine.
dar ûf satzt ich den ellenbogen.
ich hete in mîne hant gesmogen
daz kinne und ein mîn wange.
dô dâhte ich mir vil ange,
wie man zer welt solte leben.
deheinen rât kond ich gegeben,
wie man driu dinc erwurbe,
der keinez niht verdurbe.
diu zwei sint êre und varnde guot,
daz dicke ein ander schaden tuot:
daz dritte ist gotes hulde,
der zweier übergulde.
die wolte ich gerne in einen schrîn:
jâ leider desn mac niht gesîn,
daz guot und weltlich êre
und gotes hulde mêre
zesamene in ein herze komen.
stîg unde wege sint in benomen:
untriuwe ist in der sâze,
gewalt vert ûf der strâze,
fride unde reht sint sêre wunt.
diu driu enhabent geleites niht,
diu zwei enwerden ê gesunt.

Ich saß auf einem Steine
und hatte ein Bein übers andere geschlagen,
darauf den Ellenbogen gesetzt,
ich hatte in meine Hand das Kinn
und eine meiner Wangen geschmiegt.
So überlegte ich angestrengt,
wie man auf der Welt leben solle.
Keinen Rat konnte ich geben,
wie man drei Dinge erwürbe,
ohne dass eins davon verderbe.
Die zwei sind Ehre und bewegliche Güter,
die oft einander Eintrag tun,
das dritte ist Gottes Huld,
höher an Wert als die zwei.
Die hätte ich gerne in *eine* Truhe gehabt.
Doch kann es leider nicht sein,
dass Gut und weltliche Ehre
und dazu Gottes Huld
in ein Herz zusammenkommen.
Weg und Steg sind ihnen genommen:
Untreue ist im Hinterhalt,
Gewalt kommt auf der Straße daher:
Friede und Recht sind sehr verletzt.
Wenn die zwei nicht gesund werden,
so haben die drei keinen Schutz.

Neben dem Mittelalter war das Zeitalter des **Barock** (ca. 1600–1720), das stark von den Erfahrungen des Dreißigjährigen Krieges (1618–1648) geprägt war, wichtig für die Entwicklung der deutschsprachigen Lyrik. Zu den leidvollen Erfahrungen dieser Zeit gehörte nicht nur der Krieg: Die Hexenverfolgungen erreichten ihren Höhepunkt und der „Schwarze Tod", die Pest, forderte viele Opfer. So erschien den Menschen die Welt als ein von Not und Elend geprägtes „Jammertal" und der verschwenderische Prunk an den Fürstenhöfen wird diesen Eindruck eher verstärkt als gemildert haben. Den gläubigen Menschen versprach die Religion Frieden in einem besseren Jenseits.
Vielleicht waren die zum Teil chaotischen Zustände der Zeit ein Grund dafür, dass für die Dichtung Ordnung, Form und Regelhaftigkeit gefordert wurden. Am nachhaltigsten tat dies 1624 Martin Opitz in seinem „Buch von der Deutschen Poeterey"; dort wird im Kapitel „Von der Zubereitung und Zier der Wörter" ein verständliches und gleichzeitig ele-

gantes Deutsch gefordert. Die Texte sollten kunstvoll gestaltet werden, unter anderem durch den regelmäßigen Wechsel von betonten und unbetonten Silben. Martin Opitz empfahl dabei den Dichtern den Jambus („Er-halt uns Herr, bey dei-nem Wort") und den Trochäus („Mit-ten wir im Le-ben sind").
Einerseits machten die Verwüstungen des Dreißigjährigen Krieges, Katastrophen und früher Tod durch Krankheit oder Krieg den Menschen die Vergänglichkeit alles Irdischen bewusst. Andererseits vermittelten vor allem die Fortschritte auf dem Gebiet der Naturwissenschaften den Glauben der Menschen an ihre eigene Stärke und erhöhten den Willen zur Selbstbehauptung. So spiegeln sich Genuss und Freude am Leben in den Gedichten des Barock ebenso wider wie die Klage über den Zustand in Deutschland und die Vergänglichkeit (die „eittelkeit") des Menschen und des von ihm Geschaffenen. Zu Letzterem dichtete Andreas Gryphius (1616 – 1664) wie folgt:

Es ist alles eitel

Du siehst, wohin du siehst, nur Eitelkeit auf Erden.
Was dieser heute baut, reißt jener morgen ein;
Wo itzund Städte stehn, wird eine Wiese sein,
Auf der ein Schäferskind wird spielen mit den Herden.

Was itzund prächtig blüht, soll bald zertreten werden;
Was itzt so pocht und trotzt, ist morgen Asch und Bein;
Nichts ist, das ewig sei, kein Erz, kein Marmorstein.
Itzt lacht das Glück uns an, bald donnern die Beschwerden.

Der hohen Taten Ruhm muss wie ein Traum vergehn.
Soll denn das Spiel der Zeit, der leichte Mensch, bestehn?
Ach, was ist alles dies, was wir für köstlich achten,

Als schlechte Nichtigkeit, als Schatten, Staub und Wind,
Als eine Wiesenblum, die man nicht wiederfindt!
Noch will, was ewig ist, kein einig Mensch betrachten.

Vor über 350 Jahren hat Andreas Gryphius mit diesem Gedicht sein Lebensgefühl zum Ausdruck gebracht; aber selbst heute noch regt es zum Nachdenken an, und auch die spezielle Form seines Textes, das so genannte Sonett, hat sich bis in die Gegenwart erhalten.

Die lange Geschichte der Lyrik hat natürlich dazu geführt, dass alle denkbaren Themen zum Inhalt von Gedichten geworden sind. Konkrete Eindrücke und Erlebnisse werden in der **Erlebnislyrik** ebenso verarbeitet wie eher verstandesmäßig abwägende Gedanken in der **Gedankenlyrik**; einen dritten thematischen Kreis bildet die **politische Lyrik**, in der auf gesellschaftliche Fragen Bezug genommen wird.

Die Lyrik unterscheidet sich im Wesentlichen durch ihre besondere sprachliche Gestaltung von der Dramatik und Epik. Die sprachlichen Auffälligkeiten eines Gedichts fasst man unter dem Begriff **Formmerkmale eines lyrischen Textes** oder Elemente der Lyrik zusammen.

Zur besseren Übersicht werden diese **Formmerkmale** in der folgenden Skizze aufgeführt und anschließend beschrieben:

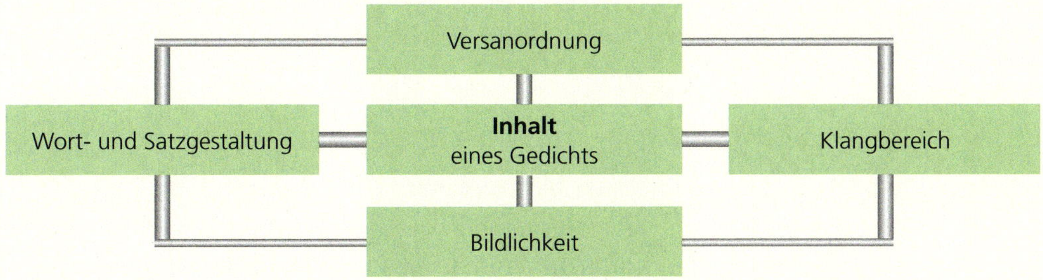

Versanordnung

Ein Gedicht entsteht dadurch, dass sein Inhalt in einer besonderen Form präsentiert wird. Diese besondere Form entsteht zunächst durch die **Versanordnung**. Die Anordnung der Aussagen in Verszeilen ist ein erstes Element von Gedichten. Der Vers (von lateinisch „versus" = das Umwenden des Pfluges, die Reihe) ist die Grundeinheit eines Gedichts; das Versende bildet eine gedankliche Pause, die auch durch das Zeilenende grafisch hervorgehoben wird. Durch die Strophe werden mehrere Verszeilen zu einer gedanklichen Einheit zusammengefasst. Das folgende Beispiel kann verdeutlichen, wie aus einem Prosatext durch Verszeilenanordnung ein kleines Gedicht entstehen kann. Der Prosatext lautet: *„Du wirst vor mir erzittern", sagte die Maus zum Mond und spuckte ins Wasser.* – Wird der Prosatext in Verszeilen angeordnet, führt dies beim Lesen zu Pausen und dadurch zu einer intensiveren Betonung einzelner Wörter und Gedanken sowie der Pointe am Schluss. Das (Gedicht-)Ergebnis kann dann so aussehen:

Du
Wirst vor mir erzittern!
Sagte die Maus
Zum Mond
Und

Spuckte ins Wasser

Die traditionellen Erwartungen an ein Gedicht hat aber der oben abgedruckte Text noch nicht erfüllt. So ergänzt in der Regel der **Klangbereich** die Aussage eines Gedichtes. Darunter versteht man im Wesentlichen die Verwendung von Reim, Metrum und Rhythmus in einem Gedicht, die im Folgenden näher erläutert werden:

Klangbereich eines Gedichts

Reim Ein Reim ist der Gleichklang zweier Wörter vom letzten betonten Vokal an (z. B. Pferd – Herd).

Reimformen *unreiner Reim:* Er liegt bei ungenauem Gleichklang der Reimwörter vor (z. B. Glück – Blick).

Alliteration: auch Stabreim. Mehrere aufeinanderfolgende Wörter beginnen mit dem gleichen Anlaut (z. B. „Milch macht müde Männer munter.").

Binnenreim: Innerhalb einer Verszeile reimen sich zwei oder mehr Wörter (z. B. „Made ohne Gnade. Schade!").

weiblicher (klingender) Reim: Die unbetonte Silbe bildet den Versschluss (z. B. „… erlangen
… bangen").

männlicher (stumpfer) Reim: Die betonte Silbe bildet den Versschluss (z. B. „… Wald
… bald").

Waise: eine nicht reimende Verszeile

Reimschema Ein Reimschema ist eine festgelegte Anordnung reimender Zeilen.

- Paarreim: a a b b
- Kreuzreim: a b a b
- umschließender Reim: a b b a
- Schweifreim: a a b c c b

Metrum Das Metrum (auch Versmaß) wird durch den regelmäßigen Wechsel von betonten (Hebungen) und unbetonten (Senkungen) Silben gebildet. Zur Kennzeichnung erhält eine betonte Silbe ein x mit einem Akzent (x́), eine unbetonte Silbe ein x ohne Akzent (x). Während in der deutschen Sprache Daktylus und Anapäst kaum eine Rolle spielen, sind der Trochäus und vor allem der Jambus häufig verwendete Metren.

- Jambus: x x́ x x́
- Trochäus: x́ x x́ x
- Daktylus: x́ x x x́ x x
- Anapäst: x x x́ x x x́

Rhythmus Er ist nicht mit dem Metrum gleichzusetzen, betont aber ähnlich wie das Metrum den Klang oder die Bewegung des Gedichts. Dies geschieht z. B. durch Pausen, Varianten im Sprechtempo, unterschiedliche Betonungen einzelner Wörter oder Teile des Verses.

Bildlichkeit

Während Elemente wie Reim und Metrum eher traditionellen Gedichten zuzuordnen sind, stellt die Bildlichkeit eines lyrischen Textes ein Formmerkmal dar, das auch für sehr viele moderne Gedichte wesentlich ist.

Unter dem Oberbegriff des Bildes kann man einige bildhafte Ausdrucksweisen so zusammenfassen:

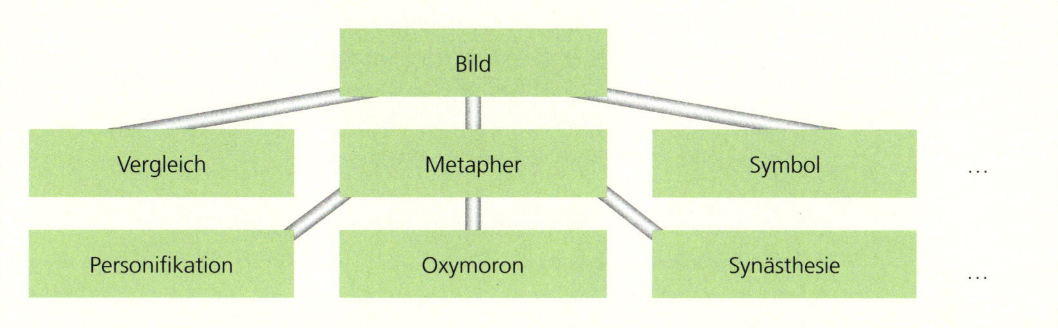

Die in der Grafik genannten bildhaften Ausdrucksweisen betonen oft in besonderer Weise die Wirkung eines Gedichts, sie „bilden den Stil" des Textes und werden deshalb auch als **Stilmittel** oder **rhetorische Figuren** (Rhetorik = Redekunst) bezeichnet.

Die Bildlichkeit eines Textes – Rhetorische Figuren

Name	Erklärung	Beispiel
Vergleich	Wörter aus zwei verschiedenen Bedeutungsbereichen werden mithilfe eines Vergleichswortes („wie", „sowie", „als – ob") miteinander verbunden.	„Er war klug wie ein Fuchs." (Vergleich des Menschen mit einem Tier)
Metapher	Wörter aus zwei verschiedenen Bedeutungsbereichen werden miteinander verbunden.	„Schon stand im Nebelkleid die Eiche" (Baum im Nebel) (J. W. v. Goethe, „Willkommen und Abschied")
Symbol	Ein konkreter Gegenstand oder Vorgang verweist auf einen allgemeinen Sinnzusammenhang. Oft wird das Symbol als Bild auch breiter entwickelt, sodass sich der allgemeine Sinnzusammenhang erst allmählich ergibt.	Das Kreuz als Zeichen für den Tod Jesu und das Christentum Die Taube als Zeichen des Friedens
Personifikation	Als Sonderform der Metapher vermenschlicht sie Dinge oder Begebenheiten.	„Die Sonne lacht." „Das Abenteuer lockt."

Oxymoron	Als Sonderform der Metapher fügt es zwei besonders widersprüchliche Bedeutungsbereiche zusammen.	„Schwarzer Schnee"
Synästhesie	Eine Form des metaphorischen Ausdrucks, in der zwei Sinneswahrnehmungen (sehen, riechen, hören, fühlen, schmecken) miteinander verknüpft werden.	„Golden wehn die Töne nieder."

Wort- und Satzgestaltung

Nach Versanordnung, Klangbereich und Bildlichkeit bildet eine oft ungewöhnliche **Wort- und Satzgestaltung** ein viertes Formmerkmal von Gedichten. Neben einer auffälligen Wortwahl (z. B. durch Verb- und Adjektivverwendung) sind es auch hier die rhetorischen Figuren, die zur besonderen Wirkung des Gedichts beitragen.

Wort- und Satzgestaltung eines Textes – Rhetorische Figuren

Name	Erklärung	Beispiel
Wiederholung	Wiederholung gleicher oder bedeutungsähnlicher Wörter zur Unterstreichung des Gemeinten	„Sein Blick ist vom Vorübergehn der Stäbe/[…] ihm ist, als ob es tausend Stäbe gäbe/und hinter tausend Stäben keine Welt." (R. M. Rilke, „Der Panther")
Anapher	Wiederholung eines oder mehrerer Wörter am Verszeilen- oder Satzanfang	„Als schlechte Nichtigkeit […]/als eine Wiesenblum […]" (A. Gryphius, „Es ist alles eitel")
Ellipse	Auslassung von leicht ergänzbaren Wörtern/Satzteilen (verkürzter, unvollständiger Satz)	Besser ein Ende mit Schrecken als ein Schrecken ohne Ende.
Inversion	Umstellung der grammatisch üblichen Wortfolge zur Bedeutungsbetonung, häufig auch aus klanglichen Gründen	„Noch will, was ewig ist, kein einig Mensch betrachten." (A. Gryphius, „Es ist alles eitel")
Parallelismus	Zwei aufeinanderfolgende Verse oder Sätze sind syntaktisch (den Bau des Satzes betreffend) ähnlich oder gleich aufgebaut.	„Dieses Suchen und dies Finden/ Dieses Denken und Empfinden" (K. v. Günderode, „Die eine Klage")

Die Formmerkmale eines Gedichts tragen dazu bei, dass das Gedicht in der Regel sehr konzentriert gelesen werden muss; es verlangt Aufmerksamkeit, da alles Erklärende wegfällt und die Aussage so auf oft wenige Verszeilen „ver**dicht**et" oder mit wenig Text „**form**uliert" wird.

Formen der Lyrik

Ähnlich wie bei den Gattungen Dramatik und Epik haben sich auch in der Lyrik im Laufe der Jahrhunderte typische Formen entwickelt. Beispiele sind die Ballade (die noch viele dramatische und epische Merkmale aufweist), das Sonett (das im 13. Jhd. entstand und seit dem Zeitalter des Barock eine immer wieder aufgegriffene Form der Lyrik darstellt) und das Lied (als für den Gesang bestimmte lyrische Form).

Ballade

Die an das englische „ballad" angelehnte Bezeichnung verbreitete sich seit 1770 in Deutschland und meint ein strophisch gereimtes Erzählgedicht. Erzählt wird ein dramatisches, ungewöhnliches Geschehen, das oft durch Monologe und Dialoge vorangetrieben wird. Thematisch kann sowohl Irrationales (Geister, Dämonen, Spuk und beseelte Natur) wie auch ein Geschehen aus Geschichte, Sage oder Mythos verarbeitet werden. – Viele Balladen gehören zu den bekanntesten deutschen Gedichten und sind in der Regel mit den Namen Johann Wolfgang von Goethes, Friedrich Schillers und Theodor Fontanes verbunden.

Sonett

Das Sonett ist eine streng gebaute Gedichtform mit 14 Zeilen, die sich auf zwei Quartette (vierzeilige Strophen) und zwei Terzette (dreizeilige Strophen) verteilen. Ein häufiges, aber schon frühzeitig variiertes Reimschema ist:

1. Strophe	a b b a	➧ Quartette	3. Strophe	c d c	➧ Terzette
2. Strophe	a b b a		4. Strophe	d c d	

Auch der metrische Aufbau einer Verszeile wurde im Zeitalter des Barock festgelegt und als Alexandriner (das ist ein Jambus mit sechs Hebungen und einer Zäsur in der Mitte) bezeichnet.
Ein Beispiel ist das Gedicht „Es ist alles eitel" von Andreas Gryphius.

Du siehst, wo – hin du siehst, nur Ei – tel – keit auf Er – den.
x x́ x x́ x x́ // x x́ x x́ x x́ x …

Lied

Neben den besonderen Formen von Ballade und Sonett rundet das Lied die große Bandbreite lyrischer Formen ab. Das Wort stammt aus dem Germanischen und bedeutete allgemein Gesungenes, ursprünglich den gesungenen Zauberspruch. Eine bewusst einfache Darstellungsweise, die in der Regel aus mehreren gleich gebauten und gereimten Strophen besteht, charakterisiert das Lied. Zur lyrischen Form des Liedes gehört der frühgermanische Heldengesang ebenso wie der moderne Schlager, das mittelhochdeutsche Nibelungenlied, die Kirchenlieder Martin Luthers oder die heute noch gesungenen Volkslieder aus dem 19. Jahrhundert wie die Texte der Rock- und Popmusik.

1.4 Autoren und Epochen

Autoren

Wichtige Autoren, alphabetisch

Wolfgang Borchert

* 20.5.1921 in Hamburg
† 20.11.1947 in Basel

Die Schule verließ Wolfgang Borchert wegen schlechter Leistungen nach der elften Klasse, begann eher widerwillig eine Buchhändlerlehre und wurde dann Schauspieler, bevor er 1941 zum Wehrdienst an die Ostfront eingezogen wurde.
Die Beschuldigung, dass er sich eine Handverletzung selbst beigebracht habe, führte im Sommer 1942 zur Androhung der Todesstrafe wegen Selbstverstümmelung; er wurde zur „Bewährung an der Front" begnadigt.
Mit Fleckfieberverdacht und Erfrierungen wurde er 1943 als nicht „frontdiensttauglich" eingestuft. Wegen einer Parodie auf den Propagandaminister Joseph Goebbels wurde er neun Monate inhaftiert und geriet dann nach einer zweiten „Frontbewährung" im Frühjahr 1945 in französische Kriegsgefangenschaft.
Borchert floh und legte die ca. 600 Kilometer nach Hamburg zu Fuß zurück. Seinen Wunsch, Schauspieler und Regieassistent zu werden, konnte er aufgrund seiner angegriffenen Gesundheit nicht mehr realisieren. Ein angeborenes Leberleiden verschlimmerte sich zu einer unheilbaren Krankheit, die ihn ab Herbst 1945 fast völlig ans Bett fesselte. Ein von Freunden 1947 finanzierter Krankenhausaufenthalt in Basel brachte keine Genesung mehr und Borchert starb einen Tag vor der Uraufführung seines bekannten Hörspiels und Dramas „Draußen vor der Tür".

Zwischen 1945 und 1947 entstanden die Werke, die W. Borchert noch zu Lebzeiten und bis heute berühmt gemacht haben. Neben dem erwähnten Heimkehrerdrama „Draußen vor der Tür" schrieb er Gedichte und Kurzgeschichten. Die Helden der Prosatexte sind häufig vom Krieg traumatisierte Menschen, deren Schicksal die Sinnlosigkeit des Krieges dokumentiert und denen – allerdings nur vereinzelt – lebensbejahende Figuren gegenübergestellt werden. Besonders mit seinem beschwörenden Appell gegen den Krieg („Sag Nein!", 1947) wurde Borchert zur Identifikationsfigur der Nachkriegsgeneration. Die mit W. Borchert und anderen Autoren verbundene so genannte „Heimkehrer- und Trümmerliteratur" thematisierte die Erfahrungen von Krieg und Zusammenbruch, Schuld, Anklage und Überlebenswillen in einer oft alltäglichen, manchmal lapidar anmutenden Sprache.

Bertolt Brecht

* 10.2.1898 in Augsburg
† 14.8.1956 in Ostberlin

Bedingt durch den Ersten Weltkrieg (1914 – 1918) machte Brecht 1917 sein Notabitur. Nach einem Einsatz als Kriegsdiensthelfer nahm er ein Medizinstudium in München auf, widmete sich aber nahezu ausschließlich der Theaterszene, schrieb erste Stücke und spielte selbst Theater. In Berlin wirkte er am Deutschen Theater als Dramaturg (1924 – 1926) und wurde mit der „Dreigroschenoper" (1928) international bekannt. Als linksintellektueller „Stückeschreiber", wie er sich selbst nannte, fiel auch er der Verfolgung durch die Nationalsozialisten zum Opfer und emigrierte über mehrere Stationen nach Dänemark, wo er bis 1939 lebte. Schweden, Finnland und schließlich Kalifornien waren weitere Stationen seines Exils, bevor er 1947 nach Deutschland zurückkehrte, wo er 1949 das Berliner Ensemble gründete und ab 1954 im Theater am Schiffbauerdamm arbeitete.

Vor allem die Theaterarbeit der letzten Lebensjahre, während derer er in Berlin seine eigenen und fremden Stücke inszenierte, machten seine Vorstellungen vom „epischen Theater" weltberühmt. In Dramen wie „Leben des Galilei" (1938), „Mutter Courage und ihre Kinder" (1941), „Der gute Mensch von Sezuan" oder „Der kaukasische Kreidekreis" (beide 1944) will er den denkenden und lernenden Zuschauer, der mithilfe des so genannten „Verfremdungseffektes" eine kritische Distanz zum Bühnengeschehen aufrechterhält.

Brechts innovative Wirkung auf die deutsche Literatur äußert sich auch in seiner Lyrik. Mit seinen etwa 2500 Gedichten ist er einer der produktivsten Lyriker überhaupt, der alle wesentlichen Formen der Lyrik beherrscht. Auch seine „Geschichten von Herrn Keuner" (1930) sind dem Realismuskonzept seiner Literatur verpflichtet, dem es um die Aufdeckung der gesellschaftlichen Realitäten geht.

Brechts Entscheidung, in der ehemaligen DDR zu leben, machte ihn in der Nachkriegszeit lange Zeit zum politisch umstrittenen Dichter. Die Theater und das Publikum setzten aber seine Stücke durch und inzwischen zählt Brecht zu den modernen „Klassikern". Seine Stücke gehören zu den meistgespielten an den Theatern und seine Werke sind fester Bestandteil des Literaturkanons geworden.

Annette von Droste-Hülshoff

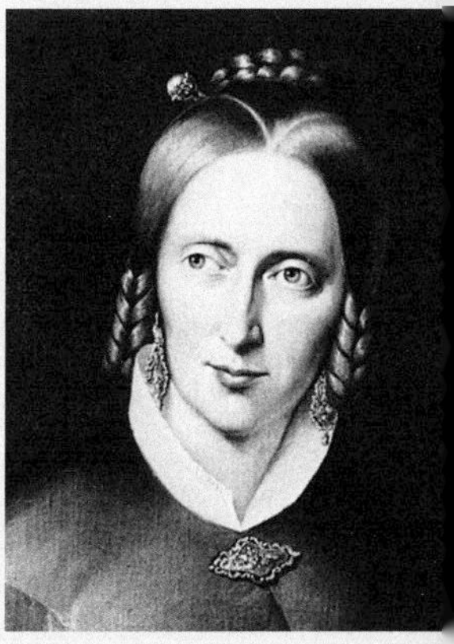

* 10.1.1797 bei Münster
† 24.5.1848 in Meersburg am Bodensee

Annette von Droste-Hülshoff verbrachte ihre Kindheit und Jugend auf dem abgelegenen Schloss Hülshoff. Sie wurde in eine streng-katholische Familie hineingeboren und standesgemäß im traditionellen Selbstbewusstsein ihrer adeligen Herkunft erzogen. Dazu gehörte auch das Rollenverständnis einer jungen adeligen Frau, das sich der Emanzipation verschloss und wenig Raum für einen individuellen Lebensweg ließ. So war es wohl weniger auf den Einfluss von Literaturkreisen als vielmehr auf Annettes Faszination von der sie umgebenden landschaftlichen Schönheit zurückzuführen, dass sie bereits früh begann, Gedichte zu verfassen. Nach dem Tod des Vaters drohte ihr Leben in Eintönigkeit zu versinken, als sie zusammen mit ihrer Mutter auf deren Wohnsitz umzog und ein zurückgezogenes Leben führte. Erst Besuche bei der Schwester in der Schweiz und der daraus resultierende enge Kontakt mit dem 23-jährigen Levin Schücking brachten ab 1837 eine Veränderung in ihr Leben. Zusammen mit der Schwester und gefolgt von Schücking ging Annette von Droste-Hülshoff 1841 nach Meersburg an den Bodensee, wo sie die wohl glücklichste Zeit ihres Lebens verbrachte. Auf Anregung von Schücking wurden ab 1842 ihre Werke, vor allem Gedichtbände, veröffentlicht und brachten ihr ansehnliche Erfolge ein. Bald nach dem Ende ihrer Liebesbeziehung zu Schücking, der sich bereits 1843 verheiratet hatte, starb Annette von Droste-Hülshoff im Alter von nur 51 Jahren an den Folgen ihrer chronischen Asthmaerkrankung.

In der jüngeren Vergangenheit war sie eine äußerst umstrittene Dichterin; man kritisierte u. a. die widerstandslose Akzeptanz der antiquierten, starren Hierarchie des Adels und die Beschönigung dieser Ordnung. Doch die heutige Forschung gelangt mehr und mehr zu der Erkenntnis, dass das Fortschrittliche, Progressive in den Werken zwar nicht im revolutionären Aufbegehren gegen die Normen und Werte ihres Standes zum Ausdruck kommt, wohl aber in der genauen Beobachtung und Nachzeichnung des Zerfalls, dem die etablierte Ordnung anheimfällt. So bindet sie die Realität, wie die Einschränkung des weiblichen Individuums, die Unfähigkeit der Führungsschicht, soziale Probleme und sogar religiöse Zweifel, durchaus kritisch in ihre Werke ein.

Eines ihrer berühmtesten Werke ist die Novelle „Die Judenbuche" (1842). In der Novelle wird ein Zwiespalt deutlich, in dem sich Annette von Droste-Hülshoff befand: Einerseits erkennt sie die Feudalgesellschaft grundsätzlich an, andererseits wird ihr kritischer Blick auf diese Form der Gesellschaftsordnung deutlich. Zudem sind das Gedicht „Am Turme" (1842) und die Ballade „Der Knabe im Moor" (1841/42) bis in die Gegenwart hinein bekannt.

Friedrich Dürrenmatt

* 5.1.1921 in Konolfingen (Schweiz)
† 14.12.1990 in Neuchâtel

Nach dem Abitur studierte der Pfarrerssohn in Zürich und Bern Philosophie und Literaturwissenschaften, bevor er sich mit seiner ersten Frau, der Schauspielerin Lotti Geisler, in Basel niederließ. Fortan arbeitete er als Grafiker und Literaturkritiker und verfasste bald auch eigene Prosa sowie erste Stücke. Dürrenmatt starb kurz vor seinem 70. Geburtstag an Herzversagen.

Dürrenmatts gesamtes literarisches Werk ist gekennzeichnet von einer skeptischen Haltung gegenüber den Möglichkeiten von Literatur, die in seinen Augen unfähig ist, gesellschaftliche Entwicklungen zu dokumentieren, geschweige denn, weltpolitische Änderungen zu bewirken. Dies resultiert auch daraus, dass

Dürrenmatt der Geschichte jegliche Kontinuität und Vorhersagbarkeit abspricht und sie als eine Aneinanderreihung von Zufällen betrachtet. In seinen Werken dominiert daher stets die Katastrophe, der Untergang, worin er sich stark von Brecht, neben ihm selbst der bedeutendste Theoretiker des deutschsprachigen Dramas des 20. Jahrhunderts, unterscheidet.

Als Dürrenmatts bedeutendste Werke gelten u. a. die Komödie „Die Physiker" (1962), an deren Ende der wahrscheinlich gewordene Untergang der Welt durch Nuklearwaffen steht, sowie der Kriminalroman „Der Richter und sein Henker" (1952) und die Tragikomödie „Der Besuch der alten Dame" (1956).

Joseph von Eichendorff

* 10.3.1788 auf Schloss Lubowitz bei Ratibor/Schlesien
† 26.11.1857 in Neiße (bei Berlin)

Fasziniert von der landschaftlichen Schönheit seiner Heimat Schlesien begann Eichendorff schon als Junge mit dem Dichten und fand dabei in seinem Vater, der ihm und seinem Bruder auch den Besuch eines Gymnasiums ermöglichte, wichtige Unterstützung. Während seines anschließenden Studiums der Rechtswissenschaften in Heidelberg knüpfte Eichendorff Kontakte zu einem Kreis romantischer Literaten (u. a. Achim von Arnim), die ihn maßgeblich in seinem eigenen Werk beeinflussen sollten. Nachdem er seinen Abschluss in Jura erfolgreich bestanden hatte, folgte er als 25-Jähriger dem Aufruf des preußischen Königs und nahm zwei Jahre lang an den Befreiungskriegen gegen Napoleon teil (1813 – 1815). Zurück in der schlesischen Heimat trat er 1871 als Angestellter in den preußischen Staatsdienst ein, es folgte eine Stelle als Abteilungsleiter für katholisches Kirchen- und Schulwesen im Kultusministerium in Berlin.

Als typischer Romantiker wurde Eichendorff in seinem literarischen Schaffen tief von der Schönheit der Natur geprägt, die er als den Ursprung allen Lebens und, bedingt durch seinen Glauben, als Schöpfung Gottes begriff. In einer Zeit des Umbruchs (Beginn der Industrialisierung), der Unruhen und Aufbruchstimmung (politische Bewegung des Vormärz als deutsche Reaktion auf die Französische Revolution), aber auch ethisch-moralischer Missstände in der Gesellschaft versuchten Eichendorff und einige andere romantische Dichter, die Menschen durch ihre Poesie zum Ursprung, zu Gott, zurückzuführen. Eichendorff war der Überzeugung, dass die Welt und der Mensch von den herrschenden Zuständen erlöst werden müssten, und schaffte mit seiner Literatur die Fiktion einer harmonischen Welt.

Eichendorffs berühmteste Werke sind die Erzählung „Aus dem Leben eines Taugenichts" (1825), in der er indirekt Kritik an den aktuellen gesellschaftlichen Werten übt, die er mit dem märchenhaften Idealbild eines glücklichen Lebens verbindet, und „Das Marmorbild" (1818). Auch zahlreiche von Eichendorffs Gedichten sind bis heute bekannt. Die meisten zeigen die Abwendung des lyrischen Ichs von der Realität hin zu Traumszenarien von Schönheit, Harmonie und eines göttlichen Jenseits. In dieser Skepsis gegenüber der Realität und der Sehnsucht nach einer geradezu paradiesischen Welt findet sich die Erklärung dafür, warum Eichendorff gegen Ende seiner Schaffenszeit quasi von seiner Zeit „überholt" wurde und seine Person, jedoch nicht seine Werke, mehr und mehr in Vergessenheit gerieten.

Theodor Fontane

*31.12.1819 in Neuruppin
†20.9.1898 in Berlin

Nach dem Abbruch der gymnasialen Ausbildung in Neuruppin besuchte Fontane eine Gewerbeschule, die er 1836 mit dem so genannten Einjährigen-Examen, das heute der Mittleren Reife entspräche, abschloss. Auf Wunsch des Vaters absolvierte er eine Lehre zum Apothekergehilfen, der 1847 das Apothekerexamen folgte. Unterdessen versuchte sich Fontane bereits als freier Journalist und Schriftsteller, doch er blieb bis zu seiner Festanstellung beim „Literarischen Kabinett" der preußischen Regierung im Jahr 1850 erfolglos. Dieses Kabinett sollte die Zeitungen in eine regierungsfreundliche Richtung lenken, was Fontane als begeistertem Befürworter der 1848er-Revolution sehr schwerfiel. So nahm er fünf Jahre später dankbar eine Stelle als Zeitungskorrespondent in London an. Weitere Erfolge als Zeitungsredakteur stellten sich mit der Arbeit für die „Neue Preußische Kreuzzeitung" ein, für die er als Kriegsberichterstatter (1864,1866 und 1870) tätig war, und anschließend mit der Aufgabe als Theater- und Literaturkritiker für die liberale „Vossische Zeitung". Die Romane, mit denen Fontane zum gefeierten Schriftsteller aufstieg, verfasste er erst ab 1876, im Alter von 57 Jahren.

Als wohl bedeutendster Vertreter der Epoche des Realismus (ca. 1850–1890) gilt Fontane als Wegbereiter des modernen Romans in Deutschland. Mit seiner Auffassung von Literatur verbindet er das Ziel, den Menschen in eine realistische Beziehung zu seinem jeweiligen gesellschaftlichen Umfeld zu setzen. Dabei distanziert er sich als einer der Ersten bewusst von einer einseitigen Darstellung adeliger Verhältnisse und wendet sich auch anderen Schichten der Gesellschaft zu. Im Laufe seiner schriftstellerischen Arbeit wird zunehmend Kritik deutlich, insbesondere an der antiquiert-starren Moral des Adels, seiner selbstgefälligen Vermessenheit und der Bereicherungsmentalität des Großbürgertums, das aus der Industrialisierung hervorgegangen ist.

Von Fontanes Romanen sind „Irrungen Wirrungen" (1888) und „Effi Briest" (1895) zu großer Berühmtheit gelangt. „Irrungen Wirrungen" thematisiert den letztlich unlösbaren Konflikt zwischen gesellschaftlichen Normen und individuellem Glück; in „Effi Briest" verschärft Fontane seine Gesellschaftskritik dahingehend, dass die starre Moral, die verbohrte Gefühls- und Gedankenlosigkeit der Gesellschaft echte zwischenmenschliche Beziehungen zerstören. Von Fontanes Balladen sind u. a. „Die Brücke am Tay", „John Maynard" und „Herr von Ribbeck auf Ribbeck im Havelland" heute noch bekannt.

Johann Wolfgang von Goethe

* 28.8.1749 in Frankfurt/Main
† 22.3.1832 in Weimar

Wohlbehütet wuchs Goethe in Frankfurt auf, wo ihn frühe kulturelle Erfahrungen prägten. Er lernte zeichnen, fechten, reiten, Klavier spielen und erlebte als 14-Jähriger ein Konzert des siebenjährigen Mozart. Schon als Schüler begann er zu dichten.
Auf Wunsch des Vaters und weniger aus Neigung nahm er 1765 in Leipzig ein Jurastudium auf. Gleichzeitig genoss er das Studentenleben in der damals „Klein-Paris" genannten Stadt und machte seine ersten Liebeserfahrungen.

Bedingt durch eine schwere Erkrankung kehrte er 1768 nach Frankfurt zurück und setzte sein Studium 1770 in Straßburg fort. In den Jahren bis 1775, die er in Straßburg, Wetzlar und Frankfurt verbrachte, wandte er sich immer mehr der Dichtung zu und schrieb 1774 mit „Die Leiden des jungen Werthers" einen Briefroman, der ihn schlagartig berühmt machte. Den biografischen Hintergrund des Romans bildete Goethes leidenschaftliche Verehrung für Charlotte Buff in Wetzlar. Mit seiner emotionalen Sprache und einer bis dahin nicht bekannten Gefühlsintensität wurde der „Werther" zum stilbildenden Werk der Epoche des „Sturm und Drang" und Goethe zum Vorbild der jungen Dichtergeneration.

Das Jahr 1775 wurde zum Wendepunkt im Leben Goethes. Auf Einladung des späteren Herzogs Carl August ging Goethe nach Weimar, einer mit 6000 Einwohnern sehr kleinen Stadt, die aber zunehmend an kultureller Bedeutung gewann. Goethe bekleidete in den folgenden Jahren eine Anzahl von Regierungsämtern, baute seine literarische Tätigkeit aus und widmete sich verstärkt auch naturwissenschaftlichen Studien. 1786 brach er unter dem Eindruck privater und beruflicher Belastung heimlich zu seiner berühmt gewordenen Reise nach Italien auf, von wo er 1788 nach Weimar zurückkehrte.

Er begegnete seiner späteren Frau, der 24-jährigen Papierblumenbinderin Christiane Vulpius, und lernte, ebenfalls im Jahr seiner Rückkehr aus Italien, Friedrich Schiller (1759 – 1805) kennen, mit dem ihn ab 1794 eine intensive Zusammenarbeit und Freundschaft verband. In dieser Zeit erreichte die „Weimarer Klassik" ihren Höhepunkt. Goethe wurde von politischen Ämtern entlastet und konnte sich der Literatur und den Naturwissenschaften zuwenden; außerdem leitete er von 1791 – 1817 das Weimarer Hoftheater.

Nach Schillers Tod (1805) arbeitete Goethe weiter an seinem neben dem „Werther" wohl berühmtesten Werk, dem Drama „Faust I" (1808). Er erlebte hohe gesellschaftliche Anerkennung, aber auch den Verlust seiner Frau (1816) und seines Sohnes (1830) und durch den Tod von weiteren nahestehenden Personen eine zunehmende Vereinsamung in den letzten Lebensjahren.

Die Werke Goethes, die er bis gegen Ende der 70er-Jahre schrieb, werden der Epoche des Sturm und Drang (ca. 1765 – 1785) zugerechnet. Die „Stürmer und Dränger", junge Dichter zwischen 20 und 30, protestierten gegen Missstände ihrer Zeit und rückten das im Fühlen und Denken eigenständige Individuum, das sich von den Zwängen der Gesellschaft befreit, in den Mittelpunkt ihrer Werke. Die Begegnung mit der klassischen griechischen Kunst während der Italienreise und die dabei empfundene Schönheit und Harmonie führten bei Goethe zu einer veränderten Auffassung von Literatur: Auch angesichts der zunehmend inhumanen Tendenzen der Französischen Revolution (1789) verzichtete er in seinen Werken auf eine künstlerische Nachahmung gesellschaftlicher Realität und schuf stattdessen Figuren, die als Modelle geistiger Reife und humaner Bildung eine Zukunftsbedeutung für kommende Generationen erlangen sollten.

Andreas Gryphius

*2.10.1616 in Glogau
† 16.7.1664 in Glogau

Der Pfarrerssohn Gryphius verlor seine Eltern bereits im frühen Kindesalter. Die Verwüstungen des Dreißigjährigen Krieges (1618 – 1648), die Gryphius unmittelbar miterlebt hat und mit denen er aufwuchs, werden zu einer immer wiederkehrenden Thematik in seiner Lyrik. Gryphius weiterer Lebensweg ist der eines für seine Zeit hochgebildeten Mannes: Nach der Verleihung der Dichterlorbeeren (1637), die gleichzeitig Magisterwürde und Dozentenrecht bedeuteten, führten Gryphius' Bildungsreisen ihn in die Niederlande, wo er Vorlesungen an der berühmten Universität Leiden hielt, nach Frankreich und Italien. Im Alter von 48 Jahren starb Gryphius in seinem Geburtsort Glogau in Schlesien an einem Schlaganfall.

Aus Gryphius' Lyrik spricht vor allem die Erkenntnis, dass alles Irdische vergänglich ist und nur das Göttliche ewigen Bestand hat, wodurch seine Dichtung weniger Ausdruck persönlicher Ansichten und Vorstellungen ist, sondern die Vermittlung allgemein gültiger Erkenntnisse beinhaltet. Diese Hauptthematik verdeutlichte Gryphius oft mithilfe der Darstellung grauenhafter Schlachten, Pestepidemien und Hungersnöten, die der Dreißigjährige Krieg mit sich brachte. Die sprachliche Form seiner Lyrik entspricht ganz den Richtlinien und Vorgaben, die in dem von M. Opitz verfassten „Buch von der deutschen Poeterey" (1624) festgelegt worden sind; somit kann Gryphius' Lyrik sowohl in inhaltlicher als auch in sprachlicher Hinsicht als ausgesprochen typisch für die Epoche des Barock (17. Jahrhundert) angesehen werden. Neben einigen berühmten Gedichten, wie das in Kapitel 1.3 genannte „Es ist alles eitel" von 1637, sind auch Gryphius' Komödien, wie die „Absurda comica" (1657), bis heute in Erinnerung geblieben.

Erich Kästner

* 23.2.1899 in Dresden
† 29.7.1974 in München

Kurz vor Ende des Ersten Weltkrieges (1914 – 1918) wurde Kästner noch zum Militär eingezogen und erlebte die von ihm als unmenschlich empfunde Rekrutenausbildung des wilhelminischen Obrigkeitsstaates. Das „Goldene Stipendium" seiner Heimatstadt Dresden erlaubte ihm das Studium der Germanistik, das er 1925 mit dem Doktortitel abschloss. 1927 übersiedelte er nach Berlin, wo er als freier Journalist arbeitete und in kurzer Zeit mit seiner Lyrik für Erwachsene bekannt wurde. Zur gleichen Zeit begann mit „Emil und die Detektive" (1929) und „Das fliegende Klassenzimmer" (1933) seine Karriere als Kinderbuchautor. Kästner gehörte zu den ersten Erzählern, die einen realistischen Zugang zur Kinderwelt suchten.
Die offene und kritische Art seiner Dichtung, mit der er sich für Demokratie und Frieden einsetzte, war für die Nationalsozialisten Grund genug, auch Kästners Werke am 10.05.1933 öffentlich zu verbrennen. Dem folgte 1942 ein totales Schreib- und Publikationsverbot. Nach Kriegsende wohnte Kästner in München, wo er die Leitung einer Tageszeitung übernahm, eine Kinderzeitschrift ins Leben rief und weiter für Kinder und Erwachsene schrieb. Er wurde mit vielen literarischen Preisen ausgezeichnet, zog sich aber im letzten Lebensjahrzehnt, wohl auch krankheitsbedingt, immer stärker aus dem öffentlichen Leben zurück.

Ein aufklärerisch-moralischer Grundton, der zum Teil ins Idyllische gewendet ist, aber auch komische wie sarkastische Züge besitzt, prägt das Werk Kästners. Ein klares Bekenntnis zu Tugenden wie Klugheit und Mitmenschlichkeit liegt vielen seiner Romane für Kinder zugrunde. Dazu tritt Kästner schon früh als Gegner aller autoritären Systeme auf und bekennt sich als Pazifist und Republikaner.
In seinen Gedichten, die er als „Gebrauchslyrik" und „Zweckliteratur" verstand, pflegt er eine ironisch-heitere, leicht verständliche Alltagssprache, mit der er seine bürgerliche Umwelt porträtierte. Sie erscheinen bis heute in immer neuen Auflagen.

Gotthold Ephraim Lessing

* 22.1.1729 in Kamenz
† 15.2.1781 in Braunschweig

Nach einer streng-religiösen Erziehung besuchte Lessing 1741 eine Eliteschule, insbesondere für alte Sprachen, in Meißen. Sein anschließendes Theologiestudium in Leipzig vernachlässigte er zugunsten der Schauspielerei zunehmend, bis er es schließlich abbrach. Stattdessen begann er, vor allem auf Drängen des Vaters hin, ein Medizinstudium, das er in Wittenberg (südlich von Berlin) 1752 abschloss. Daneben arbeitete er in Berlin, wohin er 1748 übersiedelte, als Übersetzer und Journalist, beschäftigte sich viel mit Literatur und veröffentlichte ab 1749 erste eigene literarische Werke. Eine angesehene Stellung am Königshof schlug er aus und kritisierte das vom König propagierte militärische Heldentum in seinem Stück „Philotas". Wechselnde Aufenthalte in Berlin und Hamburg folgten, doch bis auf die Komödie „Minna von Barnhelm" (1767), die bei ihrer Veröffentlichung große Erfolge einbrachte, scheiterten Lessings Projekte und Tätigkeiten zur Verbesserung des deutschen Theaters. Erst eine Festanstellung in der herzoglichen Bibliothek in Wolfenbüttel im Jahr 1770 sicherte ihm ein finanzielles Einkommen und erlaubte ihm zu heiraten. Seine ab 1774 veröffentlichten bibelkritischen Arbeiten hatten eine mehrere Jahre andauernde, öffentlich geführte Auseinandersetzung mit dem Hamburger Hauptpastor Melchior Goeze zur Folge, die sich vor dem Hintergrund privater Tragödien ereignete: Im Jahr 1777 starben kurz hintereinander Lessings Frau Eva König und der einzige Sohn. Vereinsamt durch die Konfrontation mit Goeze starb Lessing 1781 im Alter von 52 Jahren.

Lessing ist der bedeutendste Vertreter der deutschen Aufklärung (ca. 1720 – 1785), dessen Drama „Nathan der Weise" (1779) die Bestrebungen dieser Epoche idealtypisch verkörpert: In der Ringparabel, dem Kernstück des Dramas, werden vernunftgeleitete Toleranz und unvoreingenommene Humanität gleichnishaft zum Ausdruck gebracht.
Auch Lessings „Emilia Galotti" (1772) repräsentiert als bürgerliches Trauerspiel aufklärerische Gedanken, indem es die bürgerliche Tugendhaftigkeit gegen die allerdings letztlich ungebrochene Macht des Adels setzt.
Insgesamt verknüpft Lessing mit der Literatur die Hoffnung, das Bürgertum zu stärken und durch Ausbildung von Verstand und moralischer Kultur vom Adel zu emanzipieren.

Friedrich Schiller

* 10.11.1759 in Marbach/Neckar
† 9.5.1805 in Weimar

Einer der prägendsten und auch schmerzvollsten Eindrücke des jungen Schiller war die Erfahrung, in Abhängigkeit eines adeligen Herrschers, in seinem Fall des Herzogs von Württemberg, leben zu müssen. Als Offizier im herzoglichen Regiment musste Schillers Vater mitsamt seiner Familie des Öfteren den Wohnort wechseln. Für den jungen Schiller nahm diese Abhängigkeit nach Abschluss der Lateinschule eine für ihn dramatische Wendung, als er, anstatt Theologie zu studieren, auf herzoglichen Befehl hin ab 1773 die Militärschule in Stuttgart besuchen musste. Notgedrungen und unter dem unnachgiebigen militärischen Drill leidend, studierte Schiller also Jura und Medizin; das Studium schloss er 1780 mit dem Doktorexamen ab. Der rebellische Schiller, voll Wut und Unverständnis gegenüber der Gesellschaft und der Herrschafts- und Staatsordnung, verfasste in dieser Zeit sein erstes Drama, „Die Räuber", das 1782 mit riesigem Erfolg in Mannheim uraufgeführt wurde. Zur Uraufführung verließ er unerlaubt herzogliches Territorium, woraufhin er mit der Auflage, seine aufrührerische literarische Arbeit sofort einzustellen, unter Arrest gestellt wurde. Noch im gleichen Jahr floh er nach kurzem Aufenthalt in Mannheim nach Thüringen, wo er an den Dramen „Don Carlos" und „Kabale und Liebe" arbeitete, von denen vor allem Letzterem enormer Erfolg beschieden war. Als freier Dichter konnte er, trotz aller Erfolge, nicht viel verdienen und nach einigen kleineren Aufträgen, u. a. bei der literarischen Zeitschrift „Thalia", übersiedelte Schiller 1787 in das sich als kulturelles und geistiges Zentrum Deutschlands allmählich entwickelnde Weimar. Hier erhielt er mit der Unterstützung Goethes, der den Dichterkollegen hoch schätzte, zwei Jahre später eine Professur für Geschichte im benachbarten Jena, die seine finanziellen Sorgen vorerst beseitigte. Seine von jeher schwache gesundheitliche Verfassung zwang Schiller aber bereits 1791 zur Unterbrechung und 1793 zur Beendigung seiner Universitätstätigkeit, sodass er und seine Frau, die adelige Charlotte von Lengefeld, ihren Lebensunterhalt von nun an durch Stipendien bestritten. Ab 1794 ergab sich im Zuge der Planung einer gemeinsamen literarischen Zeitschrift ein näherer Kontakt zu Goethe, der sich zu einer engen Freundschaft verfestigte. Vermutlich auch dadurch zu noch größerer Produktivität angeregt, verfasste Schiller in den letzten Jahren vor seinem Tod, die zunehmend durch schwere Krankheit geprägt waren, u. a. die berühmten Dramen „Wallenstein" (1799), „Maria Stuart" (1800), die „Jungfrau von Orleans" (1801) und „Wilhelm Tell" (1804). Schiller starb infolge einer chronischen Lungenentzündung im Jahr 1805.

Neben Goethe und Lessing ist Schiller wohl der bekannteste und einer der bedeutendsten deutschen Dichter. Dass es ihm bereits zu Lebzeiten gelang, ein so großes Publikum zu begeistern, liegt möglicherweise darin begründet, dass er insbesondere der jungen Generation mit seiner leidenschaftlich vorgetragenen Kritik an der Herrschafts- und Gesellschaftsordnung aus der Seele sprach. In Zeiten moralischen und geistigen Verfalls unter einer Feudalherrschaft, die er als überholt und ungerecht betrachtete, gab Schiller einer Vielzahl von Menschen in Form seiner literarischen Helden neue Idealbilder der Menschlichkeit, Tugendhaftigkeit und unbeirrbarer Tapferkeit, an denen sie sich festhalten und orientieren konnten. Im Laufe seiner literarischen Tätigkeit setzte Schiller es sich mehr und mehr zum Ziel, anhand dieses humanistischen Ideals das Individuum und daraus resultierend die gesamte Gesellschaft zu „veredeln", um gerechtere und menschlichere Verhältnisse zu schaffen.

Epochen

Unter Epochen versteht man rückblickend Zeiträume, die charakteristische Gemeinsamkeiten in den literarischen Werken aufweisen. Epochen sind nie eindeutig voneinander abgrenzbar; sie gehen ineinander über, laufen parallel und sind lediglich Hilfen, um die Geschichte der Literatur in überschaubare Abschnitte zu gliedern.

Literatur im Hohen Mittelalter

Im 12. Jahrhundert hatte der Ritterstand, vor allem durch die Kreuzzüge, eine so große Bedeutung erlangt, dass sich aus ihm und für ihn eine eigene Literatur entwickelte. Die große Zeit der Ritter verlief ungefähr parallel mit der Herrschaft der staufischen Kaiser, von etwa 1170 bis 1270. Themen der Ritterdichtung sind die Kreuzzüge, die Minne (Liebe) und die ritterlichen Tugenden – in der Sprache der damaligen Zeit, dem Mittelhochdeutschen, hießen sie mâze, zuht, state und milte, d. h. Selbstzucht, Anstand, Beständigkeit und Freigebigkeit. Die Kreuzzugsglieder, deren bekannteste von Hartmann von der Aue stammen (etwa 1165 – 1215), zeigen den Rittern den Weg zu ihren ritterlichen Pflichten: für den christlichen Glauben zu kämpfen und die Schwachen und Unterdrückten zu schützen. Hartmann ist der erste große deutsche Ependichter, auch wenn seine Stoffe, wie die der späteren anderen Epiker, aus Frankreich stammten.
Er hat diese Vorlagen aber nicht nur übersetzt, sondern so umgestaltet, dass selbst einfache Geschichten, in denen tapfere Ritter gegen Ungeheuer und Riesen kämpfen, über das vordergründige Abenteuer hinausgehoben werden und den schweren Weg der Ritter zu ihrer Vollendung widerspiegeln. Das gilt besonders für die Helden Erec und Iwein in den gleichnamigen Epen. Beide Männer sind zwar durch Geburt und Erziehung schon hervorragende Ritter, es fehlt ihnen aber zunächst noch die Fähigkeit, persönliche Wünsche und die Ansprüche der Gesellschaft in Einklang zu bringen. Dies lernen sie im Laufe einer langen Abenteuerkette, an derem krönenden Abschluss die Aufnahme in die Tafelrunde von König Artus, dem Idealbild eines Ritters, steht. Darüber hinaus beschäftigte sich Hartmann auch mit religiösen Fragen, so in seinem Epos *Der arme Heinrich*. Hier erringt ein vom Aussatz befallener Ritter durch Selbstüberwindung die Gnade Gottes und wird wieder gesund. Auch im *Gregorius* geht es um das Problem der Erlösung. Doch Wolfram von Eschenbach (um 1170 – 1220) zeigt in seinem *Parzival*, dass die perfekte Erfüllung religiöser oder ritterlicher Gebote allein noch keinen idealen Ritter und, was noch wichtiger ist, schon gar nicht einen guten Menschen ausmacht. Parzival wächst, fern von den Menschen, bei seiner Mutter auf, die ihn vom Rittertum fernhalten will. Als er dann doch in die Ritterwelt gerät, übernimmt er die Lehren, die an ihn herangetragen werden, versteht sie aber nicht und wendet sie falsch an. Erst nach einem langen und bitteren Weg der Erkenntnis gelangt Parzival wieder zur Gralsburg, wo er zum neuen Gralskönig erklärt wird.

Gottfried von Straßburgs Epos *Tristan und Isolde*, geschrieben etwa 1200 – 1210, geht über eine auf den ersten Blick einfache Rittergeschichte hinaus. Gottfried, im Gegensatz zu Hartmann und Wolfram von bürgerlicher Herkunft, erzählt nicht von den Bemühungen einzelner Ritter, sich zu vollenden, sondern von der grenzenlosen Liebe zwischen Tristan und Isolde. Ihre Liebe kann nach Gottfried niemand verstehen, der nicht ein „edles herze" hat. Gottfried gelingt mit diesem Epos eine deutliche Absage an die Standesdichtung. Auch das *Nibelungenlied* (um 1200) hat vordergründig mit den Ritteridealen nichts mehr zu tun, obwohl es auch einem ritterlichen Publikum gefiel. Stein Stoff stammt aus heidnisch-germanischer Zeit und schildert im ersten Teil die Taten und den Tod Siegfrieds, im zweiten Teil den Untergang der Burgunder, die Siegfrieds Tod verschuldet haben. Über all diesen Ereignissen steht ein düsteres Schicksal, das die Beteiligten zwar erkennen, aber nicht abwenden können.

Mit dem Niedergang des Rittertums wandelten sich auch die Rittergeschichten: Sie wurden bearbeitet und erweitert, wobei es vor allem auf den Inhalt, das Abenteuer, ankam. Auch die Form änderte sich. Aus den Versepen mit gereimten Verspaaren wurden Prosafassungen, die in dieser Form über Jahrhunderte hinweg ein immer breiter werdendes, interessiertes Publikum fanden. Auch die Liebeslyrik, Minnesang genannt, erlebte einen raschen Wandel. Die zunächst (1150) Naturleben und persönliche Gefühle betonende Dichtung nach französischen und provenzalischen Vorbildern zeigte zunehmend eine andere Minneauffassung: Der Ritter hatte einer höher gestellten Dame, wie z. B. der Frau eines Lehnsherrn, zu dienen, d. h., sie in Gedichten zu preisen, ohne jede Aussicht auf Erhörung. Gerade diese Aussichtslosigkeit sollte den Ritter edeln. Damit wurde das Gedicht – in höchster sprachlicher Vollendung – zu einem Spiel, das mit wirklichen Gefühlen kaum noch etwas zu tun hatte. Dagegen wandte sich Walther von der Vogelweide (um 1170 – 1230). Ihm ging es um das lebendige Gefühl, die wirkliche Zuneigung, die auch einem einfachen Mädchen gelten konnte.

Barock

Beim Wort „Barock" denkt man als Erstes an prunkvolle Kirchen und prächtige Schlösser, vor allem im Süden Deutschlands und in Österreich. Die Bezeichnung „Barock" ist zunächst für die bildende Kunst verwendet worden und wurde erst später auf die Dichtung des 17. Jahrhunderts übertragen. Sie bezeichnet ursprünglich etwas Unregelmäßiges, schief Gewundenes, wie es – man denke an das Innere barocker Prachtbauten – für die Kunst dieser Zeit charakteristisch ist. Aber wie passt dieser Begriff zur Dichtung? 1624 hatte Martin Opitz (1597 – 1639) das *Buch von der Deutschen Poeterey* verfasst, in dem es ein eigenes Kapitel „von Zubereitung und Zier der Wörter" gab. Die Dichter wollten den darin enthaltenen Anweisungen Opitz' nachkommen und durch möglichst kunstvolle Formulierungen den anderen übertreffen. So erklärt sich auch die Wortwahl am Anfang eines typisch barocken Gedichtes: „Freuderfüller, Früchtebringer, viel beglückter Jahreskoch,/Grünungs-, Blüh- und Zeitungsziel, werkbeseeltes Lustverlangen!" Wer hier so merkwürdig auf siebenfach verschiedene Weise angesprochen wird, ist der Herbst, auch wenn uns heute diese Redewendung gespreizt und überladen erscheint. Aufgrund dieser Vorlage glaubte man, dass das Dichten wie ein Handwerk erlernbar sei und man es darin zu „meisterhaften" Ehren bringen könne. Ein anderer Grund für die Neigung der Dichter zum gedrechselten Stil war, dass viele ihre Werke als so genannte „Gelegenheitsgedichte" im Auftrag des Hofes verfassten und dieser möglichst eindrucksvolle Formulierungen wünschte. Die weitere Ursache für die Neigung der Dichter zum „Barocken" ist wohl im Lebensgefühl der Zeit zu suchen: Das 17. Jahrhundert war eine Zeit voller Spannungen und Konflikte. Der Reformation Luthers war die Gegenreformation der katholischen Kirche gefolgt. Der Kampf um den „wahren" Glauben zwischen Katholiken und Protestanten entlud sich dann explosiv im Dreißigjährigen Krieg, der in Deutschland zu schrecklichen Verwüstungen führte. Dazu kam bald die Bedrohung von außen: die Belagerung Wiens durch die Türken. Katastrophen und mit ihnen Schmerz, Krankheit (Pest) und Tod machten den Menschen die Hinfälligkeit alles Irdischen bewusst (Vanitas-Gedanke). Andererseits erzielte man auf dem Gebiet der Naturwissenschaften enorme Fortschritte. Man denke nur an die Entdeckungen von Kepler und Galilei. Das verstärkte den menschlichen Selbstbehauptungswillen und vermittelte ein Gefühl von Stärke und Zuversicht. So waren die Menschen der Barockzeit hin- und hergerissen zwischen den Extremen: Bald sahen sie in der Welt nur ein „Jammertal", über das nur die Erwartung des Jenseits hinwegtrösten konnte, bald gaben sie sich den Genüssen der irdischen Freuden hin. Dieser Gegensatz durchzieht auch die Dichtung der Zeit.

Am anschaulichsten tritt er in dem heute noch bekanntesten Roman des Barocks zu Tage: *Der Abenteuerliche Simplicissimus Teutsch* von Grimmelshausen. Er schildert die Geschichte eines Sohnes armer Leute aus dem Spessart, der völlig unvorbereitet in die Welt hinauszieht und sich mit ihren Freuden und Genüssen einlässt. Dabei verwahrlost er innerlich mehr und mehr, bis er nach vielen Abenteuern endlich bei einem Einsiedler landet und selbst Eremit wird. Ein „kurvenreiches" barockes Leben findet sein Ziel.

Auch der Schlesier Andreas Gryphius (1616 – 1664) hat in seinen Werken dieses Lebensgefühl zum Ausdruck gebracht. Zahlreiche seiner Gedichte, Sonette und Oden widmen sich der Klage über den Zustand Deutschlands nach dem großen Krieg und dem Bewusstsein über die Vergänglichkeit alles Irdischen. Doch das ist nur die eine Seite dieses Autors. Von ihm stammen auch lebensbejahende und Lebensfreude ausdrückende Theaterstücke, darunter ein Lustspiel mit dem Zungenbrecher-Titel *Horribilicribrifax*, in dem er die Prahlereien feiger Soldaten parodiert und ins Groteske zieht. Ebenso derb und volksnah geht es auch in seinem „Schimpfspiel" *Herr Peter Squentz* zu. Dem Vorbild von Opitz folgend entstanden damals viele „Sprachgesellschaften". Das waren Vereinigungen von Dichtern mit dem Ziel einer einheitlichen Rechtschreibung und Grammatik, der Übersetzung fremdsprachlicher Literatur, der Förderung von Bildung und Kultur sowie der Absicht, die deutsche Sprache von fremden Einflüssen zu reinigen. Damals war das Lateinische noch die Sprache der Gelehrten und an den Höfen der Fürsten und Bischöfe sprach man Französisch oder „französisierte" die deutsche

Sprache. Deshalb bemühten sich die Sprachgesellschaften dem übertriebenen Fremdwortgebrauch durch Eindeutschungen entgegenzutreten. Einige davon haben sich durchgesetzt, wie z. B. „Augenblick" für „Moment" oder „Anschrift" für „Adresse"; mit anderen schoss man dagegen über das Ziel hinaus, etwa mit der Übersetzung der Fremdwörter „Nase" durch „Gesichtserker" oder „Fenster" durch „Tageleuchter". Insgesamt trugen diese Sprachgesellschaften jedoch mit dazu bei, dass sich eine einheitliche hochdeutsche Sprache allgemein durchsetzte und gewisse Regeln für die Rechtschreibung üblich wurden.

Aufklärung, Sturm und Drang

Aufklärung: Seit dem 17. Jahrhundert zogen kritische Denker, vor allem in England und Frankreich, viele Ansichten, die vorher als unumstößlich galten, in Zweifel. Sie begannen z. B. die biblischen Überlieferungen in Frage zu stellen und die naturwissenschaftlichen Lehren früherer Jahrhunderte kritisch zu überprüfen. Mit den Worten „Habe Mut, dich deines eigenen Verstandes zu bedienen" gab der große deutsche Philosoph Immanuel Kant (1724 – 1804) der zwischen 1720 und 1785 auch in Deutschland herrschenden Bewegung der Aufklärung ihren Wahlspruch. Unter diesem Motto rief er dazu auf, alle menschlichen Einrichtungen und menschliches Handeln kritisch zu befragen: War es richtig, dass ein König unumschränkt herrschte? War es richtig, dass Menschen durch die Schranken der Geburt oder der Herkunft voneinander getrennt wurden? War es richtig, andere Menschen aus religiösen Gründen zu verfolgen oder Kriege zu führen? Auch zahlreiche deutsche Dichter wurden vom Geist der Aufklärung erfasst und griffen diese und andere Fragen auf. Zunächst aber sollte auch die Dichtkunst selbst den Gesetzen der Vernunft unterworfen werden. Sie sollte maßvoll und belehrend sein, ihre Sprache einfach und klar. Um dies zu erreichen, setzte Johann Christoph Gottsched (1700 – 1766) das Werk der barocken Sprachgesellschaften fort. Er bekämpfte Auswüchse und Rohheiten der Sprache, stellte für diese vernünftige Regeln auf und empfahl französische Stücke zur Nachahmung. Sein Einfluss schwand, als Gotthold Ephraim Lessing (1729 – 1781), der bedeutendste Dichter der deutschen Aufklärung, seine Stimme erhob. Seine kritischen Schriften, wie z. B. *Briefe, die neueste Literatur betreffend* oder die *Hamburgische Dramaturgie*, die sich mit dem damaligen deutschen Theater auseinandersetzte, waren von nun an maßgebend. Er forderte die deutschen Dichter auf, sich den Engländer William Shakespeare zum Vorbild zu nehmen, in dessen Bühnenstücken mehr wahres Leben sei als in den Stücken der Franzosen. Seine eigenen Dramen waren mustergültig für seine Zeit, vor allem das Lustspiel *Minna von Barnhelm*, das Trauerspiel *Emilia Galotti* und das Schauspiel *Nathan der Weise*. Mit dem zuletzt genannten Stück richtete sich Lessing gegen religiöse Unduldsamkeit und Fanatismus, wie er sich stets gegen Dummheit und Anmaßung wandte. Doch fand die Aufklärungsdichtung noch andere Wege, um auf die Menschen belehrend und bessernd einzuwirken. Lessing und Christian Fürchtegott Gellert (1715 – 1769) brachten die Fabel zu neuer Blüte und mit Christoph Martin Wielands (1733 – 1813) *Geschichte des Agathon* beginnt in der deutschen Literatur der Erziehungsroman. Manche Anregungen und Aufklärungen wirkten hinüber in die Epoche des Sturm und Drang.

Sturm und Drang: Diese Bezeichnung ist dem gleichnamigen Drama von Friedrich Maximilian Klinger aus dem Jahr 1776 entlehnt. Was nach Aufruhr und Revolution klingt, war in der Tat eine revolutionäre Bewegung in der deutschen Dichtung der zweiten Hälfte des 18. Jahrhunderts (etwa zwischen 1767 und 1785). Die „Stürmer und Dränger" – das waren junge Dichter zwischen 20 und 30, die leidenschaftlich gegen ihre Zeit protestierten. Wie die Dichter der Aufklärung wandten sie sich gegen die Macht der Fürsten und gegen die Stellung des Adels, gegen gesellschaftliche Schranken und Vorurteile, aber auch gegen die Herrschaft der „kalten" Vernunft. Damit unterschieden sie sich von den Aufklärern. Sie verkündeten die Rechte des Gefühls und der Fantasie und vor allem die Rechte des ungebundenen Künstlers, des „Genies". Ein jeder von ihnen fühlte sich als Genie (deshalb bezeichnet man diese Zeit auch als „Geniezeit"), das im Leben und in der Dichtung seinen eigenen Gesetzen folgen kann. Auch der junge Goethe gehörte dieser Bewegung an. Sein berühmter Ritter *Götz von Berlichingen* kämpfte für die Freiheit des Einzelnen gegen die Übermacht des Staates, für den er nur Verachtung übrig hatte. Schillers Räuberhauptmann Karl Moor (*Die Räuber*) erhob sich sogar gegen Gottes Weltordnung. Die Probleme der Zeit spielen in ihrer Dichtung eine große Rolle. So scheitern die Liebenden in Schillers *Kabale und Liebe* am Gegensatz zwischen Adel und Bürgertum und an der Gemeinheit verbrecherischer Fürstendiener. Für die Stürmer und Dränger genügte die herkömmliche Form des Dramas (Einheit der Zeit, des Ortes und der Handlung) nicht mehr. Sie zerbrachen den strengen Aufbau und setzten an die Stelle der Verssprache (Metrik) eine wilde, leidenschaftliche Prosa, die auch Derbheiten und Mundartstücke erlaubte.
Gewiss war im Sturm und Drang das Drama die wichtigste Gattung der Dichtkunst. Aber auch die Ballade erlebte eine erste Blüte, vor allem bei Gottfried August Bürger (1747–1794): Neben der berühmten *Leonore* sei noch *Das Lied vom braven Mann* erwähnt.

Klassik

Für die Fortschrittlichen im alten Rom waren griechische Kunst und Dichtung „klassisch" (= erstrangig, mustergültig). Seit der Renaissance (= Wiedergeburt der Antike), zu Beginn der Neuzeit, galten das griechische und römische Altertum (Antike) als „klassische" Zeit; Latein und Griechisch als „klassische" Sprachen. Andererseits bezeichnet der Begriff „Klassik" nur eine kurze Zeitspanne, den Gipfel einer Kultur, so etwa die Zeit des Perikles (500 – 429 v. Chr.) in Athen oder die des Augustus (63 v. – 14 n. Chr.) in Rom. In der Neuzeit grenzen die Völker Europas den Begriff auf die Blütezeit ihrer Dichtung ein, die sich an Leitbildern und Kunstregeln des Altertums ausrichtete und mit großen Namen verbunden ist: Dante in Italien, Calderón und Cervantes in Spanien, Shakespeare in England, Corneille, Racine, Molière in Frankreich. Später werden Höhepunkte in Literatur und Kunst auch ohne enge Bindung an die Antike als „Klassik" heraus-

gehoben, wie z. B. die Blütezeit der mittelhochdeutschen Dichtung nach dem Herrscherhaus der Staufer als „staufische Klassik“ bezeichnet wird.
Doch als eigentlicher Gipfel der deutschen Literatur wird die „Weimarer Klassik“ angesehen, so genannt, weil in diesem Residenzstädtchen, das damals literarischer Mittelpunkt Deutschlands war, die meisten „klassischen“ Werke entstanden. In der Unruhe des geistigen und politischen Umbruchs, mitten in der Zeit der Französischen Revolution, war die deutsche Klassik (ca. 1786 – 1832) nur eine unter verschiedenen literarischen Richtungen, wohl aber die mit den längsten Nachwirkungen. Strenggenommen hat sie nur zwei Vertreter: die beiden „Dichterfürsten“ Goethe und Schiller, und zwar nur beschränkt auf die Zeit ihrer engeren Zusammenarbeit, die schließlich zu einem Freundschaftsbund führte. Beide hatten sich mit der großen Freiheitsbewegung ihres Jahrhunderts, der Aufklärung, auseinandergesetzt und mit jugendlichem Elan den literarischen Aufstand in den Reihen der Protestbewegung des Sturm und Drang geprobt. Doch dann erschöpften sich die Anklagen gegen die ungerechte Weltordnung und deren Gesellschaft. Auf verschiedenen Wegen kamen sie zu dem gleichen Ergebnis, dass nur der sittlich gute Mensch die Welt verändern könne: Goethe versuchte, seine reformerischen Aktivitäten in der Politik im Dienst des Herzogs Karl August zu verwirklichen, Schiller beim Studium der Geschichte.
Den entscheidenden Anstoß zur Ausprägung der Merkmale der Weimarer Klassik gab in beiden Fällen die Auseinandersetzung mit der griechischen Antike. Als Vorreiter dieser Bewegung fungierte der Altertumsforscher Johann J. Winckelmann (1717 – 1768). Er schärfte die Blicke seiner Zeitgenossen für eine neue Sicht der griechischen Kunst. Ein anderer Wegbereiter, Heinrich Voß (1751 – 1826), übersetzte die Epen Homers und machte damit Welt und Lebensformen der alten Griechen einem aufnahmebereiten Lesepublikum bekannt. Goethe bricht 1786 nach Italien auf, um dort ganz persönlich den Spuren der Antike nachzugehen und aus den Altertümern, vor allem im ehemals griechisch besiedelten Süditalien (Paestum), den Geist ihrer Schöpfer aufzunehmen. Das große dichterische Ergebnis dieses Italienerlebnisses ist die Umarbeitung des Schauspiels *Iphigenie auf Tauris* in eine geglättete Versform. Es verkündet wie kein anderes Werk das Humanitätsideal der Klassik. Iphigenie lebt echte Menschlichkeit vor, sie betrügt nicht, um sich und die ihren zu retten, tapfer sagt sie die Wahrheit, auch um den Preis ihres Lebens. Ihr seelischer „Adel“ bezwingt schließlich auch das Herz des Feindes. Goethe fasst in seinem Gedicht *Das Göttliche* das Wesentliche dieser Haltung zusammen: „Edel sei der Mensch,/hilfreich und gut!“ Schiller erfährt dieses Menschenbild aus dem Studium der altgriechischen Literatur, die ihn zur Übersetzung griechischer Dramen anregt. In seinem Gedicht *Die Götter Griechenlands* klagt er: „Schöne Welt, wo bist du? Kehre wieder, /holdes Blütenalter der Natur!“ In Gesprächen, Briefen und Aufsätzen erarbeiten und vertiefen beide Klassiker das neue, an griechische Vorbilder angelehnte Menschenbild, für das das Gute, Wahre und Schöne Wegweiser zu einem sinnerfüllten, tätigen Leben sein sollten. Ihre Zusammenarbeit erlebte in dem so genannten Balladenjahr 1797 ihren Höhepunkt. Es entstanden u. a. Goethes *Der Zauberlehrling* und Schillers *Bürgschaft* und *Die Kraniche des Ibykus*. Diese großartigen sprachlichen

Kompositionen zeigen den Menschen in einer umfassenden Weltordnung aufgehoben. Die Dramen der Klassik, Schillers *Wallenstein* und Goethes *Faust*, sein „Hauptgeschäft" dieser Zeit, bezeichnet man als „Ideendramen", weil sie sich ganz auf einen übergeordneten Leitgedanken konzentrieren. Schon Lessing hat in seinem *Nathan der Weise* die Toleranz als allbeherrschende Idee herausgehoben, die Allgemeingültigkeit beansprucht. Immer geht es um Grundfragen menschlichen Daseins, um die Würde des Menschen, um seine innere und äußere Freiheit. Beherrschend ist der Glaube an eine freie Selbstbestimmung des Menschen und die Möglichkeit seiner Selbstvollendung.

Romantik

Der Begriff der „Romantik" (ca. 1795 bis ca. 1835) umfasst eine nicht leicht zu beschreibende, sehr vielfältige literarische Epoche.
Ursprünglich meinte das Wort „romance" (franz.) oder „romantic" (engl.) nur die Literatur des Mittelalters, die man nicht in Latein, sondern in der Sprache des Landes schrieb. Ab 1740 bedeutete das Wort etwa fantasievoll, schwärmerisch; auch eine wilde, malerische Landschaft konnte damit bezeichnet sein. Die Romantiker griffen eine Wortbedeutung auf, die das Romantische dem Nüchternen, dem Philisterhaften entgegensetzte. Friedrich Schlegel und Novalis, zwei wichtige Romantiker, waren die Ersten, die diesen Namen für die Literatur gebrauchten. Romantisch bedeutete nun so viel wie „poetisch". Novalis sagte: „[...] indem ich dem Gewöhnlichen ein geheimnisvolles Aussehen, [...] dem Endlichen einen unendlichen Sinn gebe, so romantisiere ich es."
Das Denken der Romantiker richtet sich gegen einen zu starken Glauben an die Vernunft des Menschen im Gefolge der Epoche der Aufklärung. Es wendet sich gegen das Nützlichkeitsdenken der Industrialisierung und das Verhalten der als „Philister" bezeichneten Spießbürger, die das Leben unter dem Gesichtspunkt der eigenen Behaglichkeit betrachten und so auf eine geistige und seelische Weiterentwicklung verzichten. Viele Romantiker lehnten darüber hinaus die territoriale Zersplitterung Deutschlands ab: Mit den Forderungen der Französischen Revolution (1789) nach Freiheit, Gleichheit und Brüderlichkeit erstrebte man ein vereintes Deutschland; dabei wurde der Begriff der „Nation" immer wichtiger und führte unter anderem zum Interesse der Romantiker am Mittelalter, an Sprachforschung und an Werken aus der deutschen Vergangenheit (so entstanden Volksliedsammlungen und die Zusammenstellung von Volksmärchen durch die Brüder Grimm, 1812).
In Abgrenzung zum oben erwähnten Vernunft- und Nützlichkeitsdenken entwickelten die Autorinnen und Autoren der Romantik eine Vorstellung vom Leben, für die der Begriff des „Gefühls" eine zentrale Rolle spielte: Das Leben sollte nicht in erster Linie von den Maßstäben des nur zweckgerichteten Handelns bestimmt sein; vielmehr ging es darum, mithilfe des Gefühls die Welt möglichst intensiv zu erleben. Deshalb sahen sich die Dichter dieser Literaturepoche auch nicht mehr als Aufklärer oder Ratgeber und Erzieher ihrer Mitmenschen, sondern eher als Außenseiter der Gesellschaft. Diese andere Vorstellung vom Leben konkretisiert sich besonders auffällig im Gefühl der Sehnsucht. Sehnsucht ist ein Gefühl, das

– gleich, worauf es sich richtet – nie zur Erfüllung kommen kann; es hört nie auf und kann bei allem damit verbundenen Schmerz dauerhaft genossen werden.
Ausgehend von dem Grundgefühl der Sehnsucht entwickeln sich in der Romantik Themen wie das Unterwegssein (Wandern und Reisen als Ausdruck der Suche nach einem sinnerfüllten Leben), die Geheimnisse der menschlichen Seele, die Liebe (als Hoffnung auf Erfüllung) und die Natur (als Stimmungsraum zur Entspannung der Seele, als Gegenbild zur hektischen Welt der Menschen oder sogar als Spiegelung des Göttlichen). – Diese Themen finden ihren Ausdruck in häufig wiederkehrenden Motiven von Waldesgründen, Bächen, Ruinen, Wanderern, Marmorgestalten, Träumen, Blicken aus Fenstern oder Mondnächten.
Über die Definition im engeren Sinne als literarische Epoche (mit den bevorzugten Formen von Lyrik, Märchen und Novelle) hinaus stellt sich die Romantik als eine fast ganz Europa umfassende geistig-künstlerische Bewegung dar, die neben der Literatur auch die Philosophie, Malerei und Musik erfasste. Wichtige Autoren und Werke der deutschen Romantik sind u. a.: Friedrich Schlegel (1772 – 1829) und August Schlegel (1767 – 1845): Herausgabe der für die Epoche wichtigen Zeitschrift *Athenäum*; Novalis (Friedrich von Hardenberg, 1772 – 1801): *Heinrich von Ofterdingen*; Ludwig Tieck (1773 – 1853): Kunstmärchen; Achim von Arnim (1781 – 1831) und Clemens Brentano (1778 – 1842): u. a. Herausgeber der Volksliedsammlung *Des Knaben Wunderhorn*; Karoline von Günderode (1780 – 1806): Gedichte; E.T.A. Hoffmann (1776 – 1822): *Der Sandmann, Das Fräulein von Scuderi*; Joseph von Eichendorff (1788 – 1857): populärster romantischer Lyriker, Novelle *Aus dem Leben eines Taugenichts*.

Realismus

Selten lässt sich der Beginn einer literarischen Epoche so eindeutig auf einen Zeitpunkt festlegen wie der des Realismus. Im deutschen Sprachraum hatten die Revolutionsjahre von 1848/49 die Menschen politisch tief aufgewühlt. Zwar war die Revolution gescheitert, dennoch hatte sie zumindest die geistigen Kräfte des Bürgertums geweckt und dieses Erwachen, das mit einem wirtschaftlichen und sozialen Wandel verbunden war, fand seinen Ausdruck auch in der Dichtung dieser Zeit, die nach neuen Ausdrucksformen suchte. Die Dichter wollten nun „realistisch" das Alltagsleben der Menschen in den Dörfern und Städten, ihre Sorgen, Probleme und Freuden schildern. Obwohl sie die Welt ändern wollten, war es ihre Absicht, sie mit dem nötigen inneren Abstand so objektiv wie nur möglich darzustellen und dabei ihre persönliche Anteilnahme zurückzunehmen. Trotzdem waren und blieben sie eben doch Dichter, die nicht einfach eine Art Abklatsch oder bestenfalls eine Fotografie des Lebens gaben, sondern ihre Aussage vielmehr künstlerisch gestalteten. Der Leser sollte durch ihre Augen Natur und Menschen sehen und kennen lernen.
Es leuchtet ein, dass bei einer solchen Zielsetzung das Erzählen im Vordergrund stand. Und so erlebte die Epik in diesen Jahren eine besondere Blüte, während Lyrik und Drama stärker zurücktraten. Es ist vor allem die große Zeit des Romans, der aus Frankreich und England manche Anregungen empfing; doch auch eini-

ge der schönsten Erzählungen der deutschen Literatur wurden in diesen Jahren geschrieben.

Dichtung, die wirklichkeitsnah sein wollte, war oft in starkem Maß landschaftsgebunden, denn die Dichter versuchten, ihre Heimat und die Menschen, die dort lebten, zu schildern. Deshalb wird auch zum ersten Mal die Mundart in die Erzählung mit einbezogen. So schuf Fritz Reuter (1810 – 1874) die ersten Romane in plattdeutscher Mundart. In der Schweiz traten C.F. Meyer und Gottfried Keller mit zahlreichen Novellen und Romanen hervor, im Norden Deutschlands zählten Theodor Storm, Wilhelm Raabe und Theodor Fontane zu den größten Erzählern. In Österreich zeichneten Marie von Ebner-Eschenbach (1830 – 1916) und Peter Rosegger (1843 – 1918) die armen wie die reichen Menschen ihrer Heimat literarisch nach. In Roseggers Jugenderinnerungen *Als ich noch der Waldbauernbub war* lernt man das Leben der Bauern in der Steiermark kennen.

Viele Dichter zeigten in diesen Jahren eine besondere Vorliebe für Stoffe der Geschichte und Kulturgeschichte. Historische Romane waren schon in der Romantik geschrieben worden. An diese Tradition knüpfte nun Victor von Scheffel (1826 – 1886) mit seinem *Ekkehard* (1855) an, in dem er vom Leben im mittelalterlichen Kloster Sankt Gallen erzählt. Gustav Freytag (1816 – 1895) schrieb eine ganze Romanreihe *Die Ahnen* (1873 – 81), in der er die Schicksale eines Geschlechts von der germanischen Zeit bis in die Gegenwart verfolgte. Mit seinen *Bildern aus der deutschen Vergangenheit* (1859 – 67) schuf er eine farbige Kulturgeschichte. Auch Universitätsprofessoren wie Felix Dahn (1834 – 1912) schrieben historische Romane, um ihr Fachwissen auf diese Weise einem breiten Leserkreis zugänglich zu machen. Sein historischer Abenteuerroman *Ein Kampf um Rom* (1876) wird heute noch gern gelesen und diente als Vorbild für einen modernen Monumentalfilm. Doch die wohl schönsten historischen Erzählungen dieser Zeit stammen von C. F. Meyer.

In einer Zeit, die so viel Vorliebe für geschichtliche Themen zeigte, blühte auch die Ballade. Besonders C. F. Meyer und Th. Fontane pflegten diese Dichtungsgattung und schufen so schöne Balladen wie *Die Füße im Feuer* oder *Archibald Douglas*. Die Lyrik dieser Jahre steht noch etwas unter dem Einfluss der Romantik. Sie betont das persönliche Erlebnis und häufig die Begegnung mit der Natur, wie uns das *Abendlied* von G. Keller oder das *Oktoberlied* von Th. Storm beweisen. Auch Wilhelm Busch gehört in den Kreis der Realisten.

Im Drama hatte Georg Büchner die Vorbilder geschaffen und den Weg bereitet. Der bedeutendste Dramatiker des Realismus aber war F. Hebbel, der die Stoffe seiner Schauspiele auch vorwiegend aus der Geschichte wählte. Der gleichaltrige Richard Wagner (1813 – 1883) suchte die Idee eines Gesamtkunstwerks in einer Einheit aus Musik und Sprache zu verwirklichen. Aus diesem Grund schrieb er die Texte zu seinen großen Opern alle selbst. Zu seinen bekanntesten Werken zählen *Die Meistersinger von Nürnberg, Tannhäuser, Parsifal* und der vierteilige *Ring der Nibelungen*.

Zwischen 1880 und 1890 klang der Realismus, der auch Poetischer Realismus genannt wurde, allmählich aus und wurde durch die neue Strömung des Naturalismus abgelöst.

2. Sachtexte

Im Gegensatz zu literarischen bzw. fiktionalen Texten, die eine erdachte Wirklichkeit beschreiben, beziehen sich die nicht-literarischen Texte direkt auf die Realität. Die Aussagen der nicht-literarischen bzw. nicht-fiktionalen Texte lassen sich also daraufhin überprüfen, ob sie real („wahr“) sind. Als Oberbegriff für Texte dieser Art hat sich die Bezeichnung **Sachtexte** oder **Gebrauchstexte** durchgesetzt.

Eine **Einteilung** in Gattungen, wie sie bei den literarischen Texten in Epik, Dramatik und Lyrik möglich ist, lässt sich im Bereich der Sachtexte nicht vornehmen. Die Vielfalt der einzelnen Formen von Sachtexten ist außerordentlich groß. Einige Sachtexte sind zum Beispiel reine „Gebrauchstexte“ (etwa ein Kochrezept, eine Gebrauchsanweisung oder eine Bastelanleitung), andere dagegen weisen bereits literarische Züge auf (z. B. eine Rede oder eine von persönlichen Eindrücken und Meinungen geprägte Erlebnisreportage). – Auch Schaubilder, Grafiken und Tabellen zählt man zu den Sachtexten.

Ebenso vielfältig wie die sprachliche Gestaltung sind die **Aufgaben** von Sachtexten, z. B. informieren (Zeitungsbericht), regulieren (Gesetzestext) oder appellieren (Werbung).

Fast alle Formen von Sachtexten, man spricht auch von **Textsorten**, sind denjenigen schon einmal begegnet, die regelmäßig Zeitschriften, Magazine, Illustrierte oder Tageszeitungen lesen. Zum besseren Nachschlagen werden sie im Folgenden alphabetisch aufgelistet und kurz erläutert.

Die verschiedenen Formen von Sachtexten werden auch Textsorten genannt.

Bericht

Der Bericht möchte ein Geschehen sachlich darstellen und informiert möglichst genau über Ort, Zeit, Personen und Verlauf eines Geschehens. Die Zeitform (Tempus) eines Berichts ist die Vergangenheit (Präteritum, Plusquamperfekt). Ein vollständiger Bericht beantwortet folgende W-Fragen:
Was ereignete sich?
Wann geschah es?
Wo geschah es?
Warum ereignete es sich?
Wie geschah es?
Welche Folgen ergaben sich daraus?

Der Bericht ist die wichtigste Textsorte eines Journalisten bzw. die wichtigste Sendeform im Rundfunk und Fernsehen; der genaue und verantwortungsvolle Umgang mit den Informationen, die im Bericht verarbeitet werden, prägten oft das „Gesicht" einer Zeitung oder eines Senders.

Die **Nachricht** kann man als kürzeste Form des Berichts auffassen. Ursprünglich bedeutet das Wort „eine Mitteilung, nach der man sich richten kann", was sich noch in einer Bemerkung wie folgender feststellen lässt: „Gib mir eine Nachricht, wenn du kommst." Die „Nachrichten" sind im Radio und Fernsehen als nahezu stündliche Sendeform geläufig und im Sinne der ursprünglichen Wortbedeutung auch heute noch dazu da, um uns zu informieren und so unseren Meinungen, Urteilen und Einstellungen eine Grundlage zu bieten.
Journalisten sind die wichtigsten Sammler, Bearbeiter und Übermittler von Nachrichten. Sie sortieren ihre Informationen in wichtige („hard news") und weniger wichtige („soft news"): Während erstgenannte zumeist dem Bereich der Politik entstammen, hat eine Nachrichtenredaktion bei den „soft news" einen größeren Spielraum; hierzu können Meldungen über Verbrechen und Katastrophen ebenso gehören wie Berichte aus dem Leben Prominenter oder über Sportereignisse. Die so genannten Nachrichtenagenturen stellen einer Nachrichtenredaktion täglich eine Fülle weltweit gesammelter Informationen für die Auswahl und Bearbeitung zur Verfügung. Die in Deutschland bekannteste Nachrichtenagentur ist die „dpa" (Deutsche Presse-Agentur).

Beschreibung

Die Beschreibung ist eine wichtige Textsorte des alltäglichen Lebens. Als Gebrauchsanleitung, Spiel- oder Arbeitsanleitung muss sie für den Leser vor allem nachvollziehbar sein. – Deswegen sollte ihr Aufbau sachgerecht sein und die Sprache genau und sachkundig. Mit den Merkmalen Knappheit, Sachlichkeit und Beschränkung auf das Wesentliche weist die Beschreibung Parallelen zum Bericht auf.

Essay

Der Essay ist ein sprachlich anspruchsvoller Prosatext, der selten die Länge eines Vortrags überschreitet und Fragen aus dem geistig-kulturellen oder gesellschaftlichen Bereich behandelt.
Den Essay kennzeichnet die ganz persönliche Meinung des Autors, der sein Thema ohne Anspruch auf Vollständigkeit oder Allgemeingültigkeit umkreist, wobei es mehr auf Denkanstöße für den Leser als auf konkrete Ergebnisse ankommt.
Der Essayist behandelt seinen Gegenstand sprachlich geschliffen und geistreich, gleichzeitig aber locker, variantenreich und so, dass der Essay gut verständlich sein soll. – Mit dem Essay verwandt ist die Abhandlung, die das Moment des Objektiven stärker betont, das Thema systematischer entfaltet und ein Problem möglichst differenziert und umfassend behandeln möchte.

Glosse

Die Glosse stellt eine besondere Form des Kommentars dar und gehört somit zu den so genannten Meinungsartikeln, in denen Autoren Ereignisse erläutern, Stellung beziehen und Meinungen äußern.
Im Gegensatz zum Kommentar beschäftigen sich Glossen nicht mit den großen Ereignissen aus der Politik, sondern nehmen eher Alltägliches und weniger Wichtiges in den Blick, zum Beispiel Modetorheiten, sprachliche Angewohnheiten, das öffentliche Auftreten eines Politikers, Sportlers oder Prominenten; auf den Lokalseiten der Tageszeitung können auch Missstände in der Stadt glossiert werden.
Ihre besondere Wirkung erzielt die Glosse durch die sprachliche Gestaltung. Merkmale sind die relative Kürze und ein eher pointiert-streitlustiger Ton. Lockerheit, Witz, Spott und Originalität tragen zum besonderen Tonfall der Glosse bei.

Kommentar

Der Begriff leitet sich aus dem lateinischen „commentari" (= etwas überdenken, Betrachtungen anstellen, erläutern) ab. Der Kommentar ist ein Meinungsbeitrag, mit dem ein Autor aktuelle Ereignisse auf politischem, sozialem oder wissenschaftlichem Gebiet erläutert und persönlich bewertet.
Trotz der persönlichen Note soll ein Kommentar den Leser nicht manipulieren, sondern durch Argumente überzeugen. In Zeitungen sind Kommentare deutlich von Nachrichten und Berichten getrennt: So ist zum Beispiel der Kommentar immer mit dem Namen des Verfassers gekennzeichnet, der damit für die im Kommentar getroffenen Aussagen persönlich verantwortlich ist.

Rede

Die Rede ist ein zum mündlichen Vortrag bestimmter Sachtext und spielt in allen Bereichen des öffentlichen Lebens (Politik, Wissenschaft, Religion, ...) eine wichtige Rolle. Mimik, Gestik und Stimme des Redners bringen die Argumente und

Stilmittel der Rede noch wirkungsvoller zur Geltung, als es ein nur geschriebener Text tun kann.
Bestimmte Grundforderungen gelten für alle Reden, so etwa die Gliederung in Einleitung, Hauptteil und Schluss sowie Elemente wie Logik, Überschaubarkeit und Steigerung. Darüber hinaus kann man Reden nach ihren Aufgaben, die sie erfüllen sollen, einteilen: So kann man Reden mit Darstellungsfunktion (z. B. ein wissenschaftlicher Vortrag) von Reden mit Appellfunktion (z. B. eine Predigt oder politische Rede) unterscheiden. Eine dritte Gruppe von Reden sind solche mit Ausdrucksfunktion (z. B. eine Festrede).

Reportage

Die Reportage ist ein die Atmosphäre einbeziehender, in der Regel durch Bilder ergänzter Augenzeugenbericht. Persönliche Erlebnisse, Eindrücke und Meinungen des Reporters fließen ein und ermöglichen es dem Leser und Betrachter, die geschilderte Situation nachzuempfinden.
Die Reportage ist insgesamt weniger sachlich und streng als Bericht und Nachricht, die Sprache zwangloser und lebhafter und die Darstellung dadurch erzählfreudiger und spannender. Damit wird die Reportage zu einer Form des Erlebnisberichts, der häufig auch noch durch Befragen beteiligter Personen und Interviews bereichert wird. Aber auch die Recherche ist ein Element der Reportage, die schon häufig zu Entdeckungen geführt hat, die der Öffentlichkeit bis dahin verborgen geblieben waren.

Rezension

Der Begriff leitet sich aus dem lateinischen „recensio" (= Musterung) ab und meint eine Besprechung und Bewertung von Büchern, Filmen, Konzerten oder Theateraufführungen. Die Rezension soll dem Leser oder Besucher einer Aufführung zu einer Auswahl und Entscheidung verhelfen. Die Rezension eines Buches macht mit dem Inhalt bekannt, erläutert Thema und Fragestellungen des Werkes und beschränkt sich insgesamt darauf, seine Eigenart und Besonderheiten zu erhellen.
Der Leser einer Rezension will keine ausführliche Inhaltsangabe und erwartet einen klaren Standpunkt des Rezensenten. Unabhängig davon aber bildet sich der Leser, von der Rezension zum eigenen Lesen angeregt, seine eigene Meinung.

3. Grammatik

3.1 Sprache im Wandel

Sümpfe und dichte Wälder bedeckten vor 2000 Jahren noch große Teile „Germaniens“. Zur gleichen Zeit schrieben Griechen und Römer schon literarische Werke und führten sie in Theatern auf, während die Germanen, die den Römern jener Zeit als „Barbaren“ galten, noch keine eigene Schrift hatten.

Zur Geschichte der deutschen Sprache

Erst im 3. Jahrhundert ritzten sie Runenzeichen in Holz, Stein oder Horn, sodass nach und nach eine **germanische Schriftsprache** entstand.

Die **gesprochenen Sprachen** der germanischen Stämme in Mitteleuropa entwickelten sich durch die so genannte erste Lautverschiebung aus dem Indogermanischen. Das **Indogermanische** ist die Urform der meisten asiatischen und europäischen Sprachen. Die gesprochenen Sprachen der germanischen Stämme waren einander sehr ähnlich. Dies galt um das Jahr 600 nach Christus zum Beispiel für die Bayern und Alemannen im Süden, für die Franken an Rhein und Main, für die weiter nördlich angesiedelten Sachsen und Thüringer oder die Friesen an der Küste.
In der Zeit ab etwa 600 n. Chr. kam es zur zweiten Lautverschiebung, der **hochdeutschen Lautverschiebung**, die zur **Herausbildung des Deutschen aus dem Germanischen** führte. Im Verlauf der hochdeutschen Lautverschiebung kam es zu einigen Veränderungen bei der Aussprache einzelner Buchstaben, in deren Folge sich die Dialekte im Süden Deutschlands, die von der Lautverschiebung erfasst wurden, von denen im Norden trennten. Die folgende Grafik verdeutlicht diesen Vorgang:

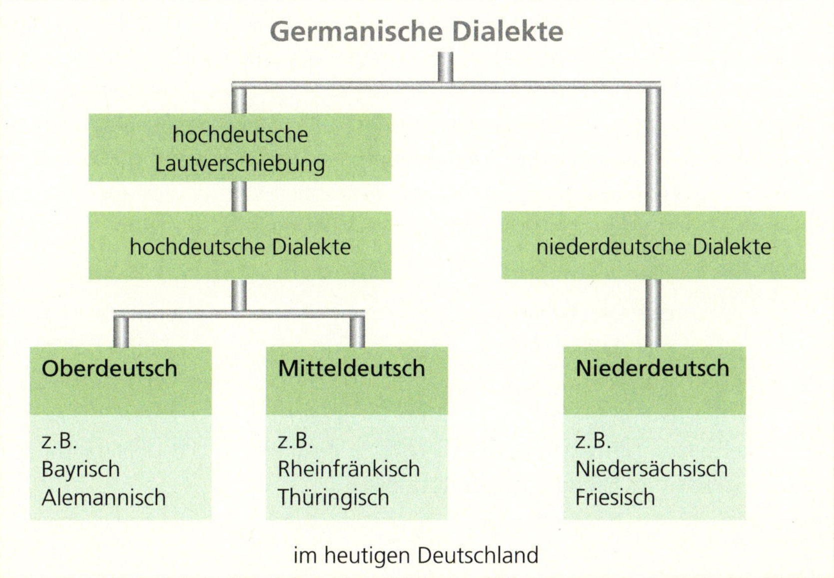

Alle Dialekte (der Ausdruck „Mundart“ kann gleichbedeutend verwendet werden) des deutschsprachigen Raums sind sozusagen die „Vorfahren“ des späteren **Deutsch**. Andere Dialekte benachbarter germanischer Stämme entwickelten sich zu anderen Nationalsprachen, z. B. zum Englischen: Auch das Englische gehört damit zu den miteinander „verwandten“ germanischen Sprachen, was die Beispiele in der folgenden Tabelle verdeutlichen.

Hochdeutsch	Niederdeutsch	Englisch
Schiff	schipp	ship
Apfel	appel	apple
Wasser	water	water
Pfund	punt	pound
machen	maken	make

Das Deutsche als Hochsprache (das ist sozusagen das „offizielle“ Deutsch, für das es feste sprachliche Regeln gibt und das von Dialekten und der Umgangssprache unterschieden wird) entwickelte sich in den folgenden Jahrhunderten in drei Stufen:

ca. 800 – 1100 n. Chr.: Althochdeutsch

ca. 1100 – 1350 n. Chr.: Mittelhochdeutsch

ab 1500 n. Chr.: Neuhochdeutsch, mit Vorformen ab 1350 (das so genannte „Frühneuhochdeutsch“)

Diese allmähliche Entwicklung der hochdeutschen Dialekte zum heutigen Hochdeutsch war durch verschiedene Ursachen bedingt: So löste z. B. das frühe Neuhochdeutsch ab 1350 das Lateinische als überregionale Sprache nach und nach ab. Auch die Erfindung des Buchdrucks durch Johannes Gutenberg um 1450 trug zur Verbreitung des Deutschen bei. Wichtig war auch Martin Luthers Bibelübersetzung (ab 1521 auf der Wartburg bei Eisenach). – Seitdem entwickelte und entwickelt sich das Hochdeutsche ständig weiter. Eine wichtige Station dabei bildete die orthographische Vereinheitlichung des Hochdeutschen durch Konrad Duden (Vollständiges orthographisches Wörterbuch der deutschen Sprache, 1880) und durch die Beschlüsse der Rechtschreibkonferenz von 1901.

Grammatische Strukturen im Wandel

Die dauernden Veränderungen, die sich bei der **Entwicklung des Deutschen** ergaben, lassen sich gut am Beispiel der grammatischen Fälle (Kasus) und der grammatischen Zeiten (Tempora) verdeutlichen: Im Althochdeutschen wurde ein Fall ausschließlich durch die Wortendungen gekennzeichnet. Im heutigen Deutsch treten zusätzlich die Artikel hinzu, um einen Fall eindeutig zu bestimmen. Die Deklination des Nomens „Vater“ im Singular verdeutlicht dies:

Nominativ – der Vater
Genitiv – des Vaters
Dativ – dem Vater
Akkusativ – den Vater

Der Wandel in der Struktur der Sprache ist aber in der Gegenwart nicht abgeschlossen. So wird beispielsweise der Genitiv häufig durch eine Umschreibung ersetzt, und es heißt dann statt „das Haus meines Vaters" nun „das Haus von meinem Vater".

Auch bezüglich der grammatischen Zeiten zeigt sich der Wandel in der grammatischen Struktur der Sprache. Während das Althochdeutsche noch mit Präsens und Präteritum auskam, entwickelten sich im Verlauf der Jahrhunderte die sechs Zeiten des Deutschen: Präsens und Präteritum wurden um Perfekt, Plusquamperfekt, Futur I und Futur II ergänzt. Die tatsächliche Verwendung der Zeiten beschränkt sich aber immer mehr auf den Gebrauch von Präsens und Perfekt, während Präteritum und Plusquamperfekt an Bedeutung verlieren und sich die beiden Formen des Futur nie richtig durchgesetzt haben. Wie ungewohnt der Gebrauch aller Zeiten bereits heute erscheint, verdeutlicht die vollständige Konjugation des Verbs „gehen" in der ersten Person Singular:

Präsens – ich gehe
Perfekt – ich bin gegangen
Präteritum – ich ging
Plusquamperfekt – ich war gegangen
Futur I – ich werde gehen
Futur II – ich werde gegangen sein

Wortschatz im Wandel

Ebenso wie die **grammatische Struktur** des Deutschen ist auch sein **Wortschatz** einer ständigen Veränderung unterworfen. So wurden z. B. viele Lehnübersetzungen ins Althochdeutsche eingefügt, die – „angelehnt" an entsprechende lateinische Wörter – unter anderem die neuen Begriffe des Christentums in die deutsche Sprache integrierten. Einige Zeit später wurden im Zuge der Ritterkultur viele französische Wörter in das Mittelhochdeutsche aufgenommen. Auch griechisch-lateinische Zusammensetzungen wurden als Fremdwörter übernommen, z. B. das „Automobil". Heute prägt vor allem das Englische den Wortschatz des Deutschen, was teilweise wie selbstverständlich erscheint, z. B. bei den Wörtern „Skateboard" oder „Jeans", zum Teil aber auch als ärgerliche Verfremdung der eigenen Sprache empfunden wird, wenn beispielsweise aus dem einfachen „Ortsgespräch" ein „city call" wird. – Ein Beispiel für den wesentlich selteneren Fall, dass ein deutsches Wort in den englischen Wortschatz eingegangen ist, ist der „Kindergarten", der als „kindergarden" in England und den USA ein geläufiges Wort ist.

Auch der **Bedeutungswandel** von Wörtern und Wendungen zeigt, dass eine gesprochene Sprache im Verlauf ihrer Geschichte ständigen Veränderungen unterworfen ist. Wandert man etwa 200 Jahre zurück in die Zeit Johann Wolfgang von Goethes (1749 – 1832), so verstand man damals unter einem „politischen" Menschen einen intelligenten Zeitgenossen; bezeichnete man jemanden als „blöd", meinte man im heutigen Sinn sein schüchternes Verhalten und „Witz" attestierte man demjenigen, der wissend, klug und geistvoll war. Auch viele bildliche Redewendungen erklären sich in ihrem Ursprung durch die Geschichte: Verdirbt man es sich etwa mit einem Mitmenschen, so ist man möglicherweise „ins Fettnäpfchen getreten"; und das wiederum konnte man früher in Bauernhäusern, wo das Stiefelfett in einem Topf neben dem Ofen geschmeidig gehalten wurde.

Unterscheidung nach Sprachebenen

Wie in den anderen Sprachen auch, gibt es im Deutschen verschiedene **Sprachebenen**. Von der **Hochsprache** als Sprache der Öffentlichkeit, der Zeitung, des Radios und Fernsehens, der Schule, Kunst und Wissenschaften unterscheidet man den **Dialekt**. Dazwischen liegt die Ebene der **Umgangssprache** oder **Alltagssprache**. Als besonders lebendige Form der Sprache tritt die Umgangssprache in zunehmendem Maß an die Stelle der Dialekte und dringt auch häufig in die oben erwähnten Bereiche der Hochsprache vor. Kennzeichnend für die Umgangssprache sind Übernahmen aus Fremdsprachen („downloaden") und Dialekten („nee" für „nein"; „kriegen" für „bekommen"; „dat" und „wat" für „das" und „was"), Verschleifungen („nich" für „nicht") und Wortneubildungen, die oft bildlicher und emotionaler als die entsprechenden hochsprachlichen Begriffe sind („Mordsspaß", „affengeil", „stinkfaul"). Eine weitere Besonderheit der Umgangssprache sind die in ihr eingelagerten **Gruppensprachen**. Das sind „Sprachen" von gesellschaftlichen Gruppen, die Gemeinsamkeiten aufweisen. In diesem Sinn kann man z. B. von Jugendsprachen sprechen; auch bestimmte gesellschaftliche Standeskreise können, ebenso wie eine Berufsgruppe, ein eigenes Sprachverhalten haben; so kann etwa ein Gespräch von Computerspezialisten für Außenstehende völlig unverständlich bleiben.

3.2 Wortarten

Der **Wortschatz** unserer Sprache umfasst etwa 350 000 Wörter. Der größte Teil davon entfällt auf die Hauptwortarten Verb, Nomen und Adjektiv, die in der Regel die Hauptinformation einer Aussage oder eines Satzes liefern. Man unterscheidet **Wortarten**, die im Satz ihre Form verändern, und solche, die sich nicht verändern.

Die Unterscheidung der Wortarten

Zu den veränderlichen (flektierbaren) Wortarten gehören die Hauptwortarten und fast alle Begleiter und Stellvertreter des Nomens; zu den nicht veränderlichen Wortarten (nicht flektierbaren Wortarten) zählt man die Partikeln. Eine Übersicht über die zehn Wortarten des Deutschen vermittelt die folgende Tabelle:

	Lateinische Bezeichnung	Deutsche Bezeichnung	Beispiele
Hauptwortarten	Verb	Zeitwort/Tätigkeitswort	spielen, tanzen
	Nomen (Substantiv)	Namenwort/Hauptwort	Ball, Abenteuer
	Adjektiv	Eigenschaftswort	groß
Begleiter und Stellvertreter des Nomens	Artikel	Geschlechtswort	der, die, das; ein, eine
	Numerale	Zahlwort, Zahladjektiv	eins, zwei; der zweite; manche, viele
	Pronomen	Fürwort	
	– Personalpronomen	persönliches Fürwort	ich, du, er, sie, es, wir, ihr, sie
	– Possessivpronomen	besitzanzeigendes Fürwort	mein, dein, sein, ihr, unser, euer, ihr
	– Demonstrativpronomen	hinweisendes Fürwort	der (stark betont), dieser, jener, solcher, derselbe, derjenige
	– Relativpronomen	bezügliches Fürwort	der, die, das; welcher, welche, welches; wer, was
	– Reflexivpronomen	rückbezügliches Fürwort	sich
	– Interrogativpronomen	fragendes Fürwort	wer? was? welcher? welche? welches? was für ein? was für eine?
	– Indefinitpronomen	unbestimmtes Fürwort	man, jemand, irgendeiner, ein paar, viele, etwas

	Lateinische Bezeichnung	Deutsche Bezeichnung	Beispiele
Partikeln	Adverb	Umstandswort	hier, oben, unten, links, drinnen; jetzt, heute, gestern, mittags, wie; gern, sehr, noch, nicht, vielleicht; darum, deshalb, also, nämlich; wo? wann? wie? warum? woran? womit?
	Präposition	Verhältniswort	in, auf, aus, hinter, neben, zwischen, mit, zu, bei, wegen, von, an, vor
	Konjunktion	Bindewort	
	– nebenordnende Konjunktion		und, oder, aber, denn, dann, auch, sowohl – als auch, nicht nur – sondern auch
	– unterordnende Konjunktion		als, nachdem, bevor; weil, da; dass, sodass; damit; obgleich, obwohl; indem, dadurch dass; anstatt dass; wie, als ob, als, als wenn
	Interjektion	Ausrufewort	oh! ah? au!

Das Verb

Das **Verb** besitzt einen größeren Formenreichtum als alle anderen Wortarten und bezeichnet Tätigkeiten (lesen, schreiben), Vorgänge (regnen, schneien) und Zustände (stehen, liegen). Die Gruppe der Verben wird eingeteilt in Hilfsverben (haben, sein, werden), Modalverben (wollen, sollen, müssen, können, mögen, dürfen) und Vollverben (alle anderen Verben).

Die folgende Grafik veranschaulicht die grundsätzliche Unterscheidung von infiniten (unbestimmten, nicht weiter abgewandelten) und finiten (näher bestimmten) **Verbformen**, die dann im Anschluss näher erläutert werden:

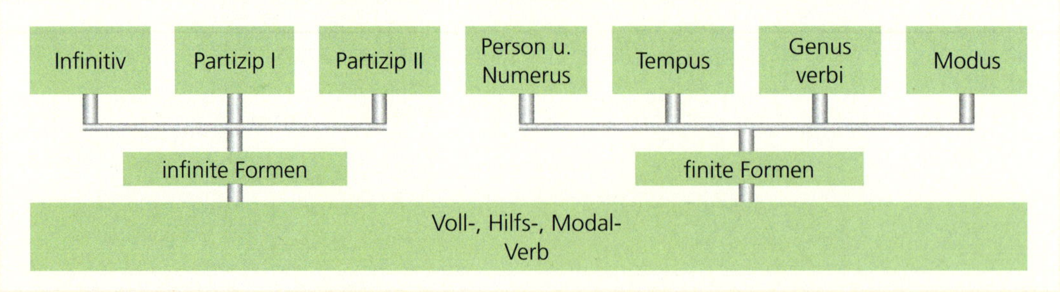

Zu den infiniten Formen des Verbs gehören:

der Infinitiv (Grundform, Nennform)	Beispiel: lesen
das Partizip I	Beispiel: lesend
das Partizip II	Beispiel: gelesen

Numerus, Tempus, Genus verbi und Modus sind die verschiedenen Ausdrucksmöglichkeiten der finiten Verben.

Die finiten Formen des Verbs zeigen Person und Numerus (auch: Personalform eines Verbs) an:

Person/Numerus	Beispiel
1. Person Singular	ich lese
2. Person Singular	du liest
3. Person Singular	er/sie/es liest
1. Person Plural	wir lesen
2. Person Plural	ihr lest
3. Person Plural	sie lesen

Tempus

Das auffälligste veränderliche Merkmal der finiten Formen eines Verbs ist die Bildung der verschiedenen **Tempusformen**. Die sechs Tempusformen werden in der folgenden Tabelle aufgelistet und am Beispiel des Verbs „lesen“ in der ersten Person Singular und in der ersten Person Plural veranschaulicht:

Präsens	Gegenwart	ich lese	wir lesen
Präteritum	Vergangenheit	ich las	wir lasen
Perfekt	vollendete Gegenwart	ich habe gelesen	wir haben gelesen
Plusquamperfekt	vollendete Vergangenheit	ich hatte gelesen	wir hatten gelesen
Futur I	Zukunft	ich werde lesen	wir werden lesen
Futur II	vollendete Zukunft	ich werde gelesen haben	wir werden gelesen haben

Genus verbi (Handlungsart)

Eine weitere Ausdrucksmöglichkeit des Verbs wird durch die **Handlungsart** (Genus verbi) angezeigt: Das **Aktiv** rückt den Handelnden oder Urheber in den Vordergrund, während das **Passiv** einen Zustand oder Vorgang betont.
Die folgende tabellarische Übersicht vergleicht Aktiv und Passiv für das Verb „tragen“ in der ersten Person Singular und Plural.

Tempus	Aktiv 1. Pers. Sing. u. Plural	Passiv (Vorgangspassiv) 1. Pers. Sing. u. Plural
Präsens	ich trage wir tragen	ich werde getragen wir werden getragen
Präteritum	ich trug wir trugen	ich wurde getragen wir wurden getragen
Perfekt	ich habe getragen wir haben getragen	ich bin getragen worden wir sind getragen worden
Plusquamperfekt	ich hatte getragen wir hatten getragen	ich war getragen worden wir waren getragen worden
Futur I	ich werde tragen wir werden tragen	ich werde getragen werden wir werden getragen werden
Futur II	ich werde getragen haben wir werden getragen haben	ich werde getragen worden sein wir werden getragen worden sein

Die **vollständige Konjugation** des Verbs „fragen“ im Aktiv und Passiv sieht so aus:

Die Konjugation des Verbs „fragen“

Aktiv	Passiv
Präsens (Gegenwart) ich frage du fragst er, sie, es fragt wir fragen ihr fragt sie fragen	**Präsens (Gegenwart)** ich werde gefragt du wirst gefragt er, sie, es wird gefragt wir werden gefragt ihr werdet gefragt sie werden gefragt
Präteritum (Vergangenheit) ich fragte du fragtest er, sie, es fragte wir fragten ihr fragtet sie fragten	**Präteritum (Vergangenheit)** ich wurde gefragt du wurdest gefragt er, sie, es wurde gefragt wir wurden gefragt ihr wurdet gefragt sie wurden gefragt
Futur I (Zukunft) ich werde fragen du wirst fragen er, sie, es wird fragen wir werden fragen ihr werdet fragen sie werden fragen	**Futur I (Zukunft)** ich werde gefragt werden du wirst gefragt werden er, sie, es wird gefragt werden wir werden gefragt werden ihr werdet gefragt werden sie werden gefragt werden
Perfekt (vollendete Gegenwart) ich habe gefragt du hast gefragt er, sie, es hat gefragt wir haben gefragt ihr habt gefragt sie haben gefragt	**Perfekt (vollendete Gegenwart)** ich bin gefragt worden du bist gefragt worden er, sie, es ist gefragt worden wir sind gefragt worden ihr seid gefragt worden sie sind gefragt worden

Plusquamperfekt (vollendete Vergangenheit)	Plusquamperfekt (vollendete Vergangenheit)
ich hatte gefragt du hattest gefragt er, sie, es hatte gefragt wir hatten gefragt ihr hattet gefragt sie hatten gefragt	ich war gefragt worden du warst gefragt worden er, sie, es war gefragt worden wir waren gefragt worden ihr wart gefragt worden sie waren gefragt worden
Futur II (vollendete Zukunft) ich werde gefragt haben du wirst gefragt haben er, sie, es wird gefragt haben wir werden gefragt haben ihr werdet gefragt haben sie werden gefragt haben	**Futur II (vollendete Zukunft)** ich werde gefragt worden sein du wirst gefragt worden sein er, sie, es wird gefragt worden sein wir werden gefragt worden sein ihr werdet gefragt worden sein sie werden gefragt worden sein

Modus

Eine finite Verbform zeigt neben Person und Numerus, Tempus und Genus verbi (Handlungsart) auch noch den **Modus** (Aussageweise) des Verbs an. Bei den Modi eines Verbs unterscheidet man den Imperativ, den Indikativ, den Konjunktiv I und den Konjunktiv II:

- **Der Imperativ** (Befehlsform) drückt eine Aufforderung aus. Es gibt ihn nur in der zweiten Person Singular und Plural.
  Beispiel:
  Nimm! Lies! Sprich!
  Nehmt! Lest! Sprecht!

- **Der Indikativ** (Wirklichkeitsform) ist der am häufigsten gebrauchte Modus eines Verbs und drückt aus, dass Gesagtes oder Geschehenes als tatsächlich und wirklich angesehen wird.
  Beispiel:
  Wir gehen spazieren.

- **Der Konjunktiv I** (Möglichkeitsform) stellt ein Geschehen als möglich dar und wird in der indirekten Rede dazu verwendet, das wiederzugeben, was der Schreiber von einem anderen erfahren hat.
  Beispiel:
  Sein Freund sagte: „Er kommt um acht Uhr an." (Indikativ)
  Sein Freund sagte, dass er um acht Uhr ankomme. (Konjunktiv I)

- **Der Konjunktiv II** (Form der Nicht-Wirklichkeit) kennzeichnet ein Geschehen als nur gewünscht, vorgestellt oder gedacht.
  Beispiel:
  Wenn sie Zeit hätten, kämen sie zu Besuch.
  Der Konjunktiv II wird in der gesprochenen Sprache häufig mit „würde" umschrieben.
  Beispiel:
  Wenn sie Zeit hätten, würden sie zu Besuch kommen.

Der Konjunktiv II wird auch dann verwendet, wenn in der indirekten Rede die dort übliche Form des Konjunktiv I genauso lautet wie die entsprechende Form des Indikativ.
Beispiel:
Mein Freund sagt, ich laufe die erste Runde zu schnell.
(„Laufe" lautet im Indikativ und im Konjunktiv I gleich.)
Mein Freund sagt, ich liefe die erste Runde zu schnell.
(Der Konjunktiv II ersetzt den Konjunktiv I.)

Die folgende Tabelle zeigt die Formen von Konjunktiv I und II am Beispiel des Verbs „kommen" auf. Der Konjunktiv I leitet seine Formen vom Präsens ab, der Konjunktiv II vom Präteritum oder Plusquamperfekt. Die eingeklammerten Formen werden in der indirekten Rede durch den Konjunktiv II ersetzt:

	Indikativ	Konjunktiv	
Präsens	ich komme du kommst er, sie, es kommt wir kommen ihr kommt sie kommen	(ich komme) du kommest er, sie es komme (wir kommen) ihr kommet (sie kommen)	**Konjunktiv I**
Präteritum	ich kam du kamst er, sie, es kam wir kamen ihr kamt sie kamen	ich käme du kämst er, sie, es käme wir kämen ihr kämt sie kämen *oder* ich würde kommen du würdest kommen er, sie, es würde kommen wir würden kommen ihr würdet kommen sie würden kommen	**Konjunktiv II**
Plusquamperfekt	ich war gekommen …	ich wäre gekommen …	

Das Nomen

Das **Nomen** (auch Substantiv) gehört neben Verb und Adjektiv zu den Hauptwortarten des Deutschen. Man unterscheidet zwischen Konkreta und Abstrakta. Die Konkreta bezeichnen Gegenstände, Lebewesen oder Pflanzen (Ball, Katze, Gras), die Abstrakta benennen Vorgänge, Eigenschaften, Gefühle und Sachverhalte (Sprung, Ausdauer, Zorn, Abenteuer).

Die folgende Grafik verdeutlicht die grammatischen Funktionen des Nomens:

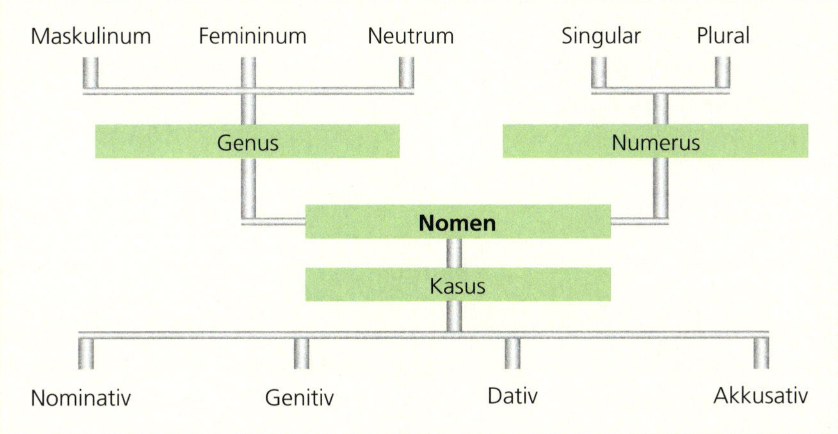

Genus

Jedes Nomen hat ein **Genus** (grammatisches Geschlecht), welches durch den bestimmten Artikel angezeigt wird. Man unterscheidet drei Formen des Genus.
Beispiel:
Ball – der Ball: Maskulinum (männlich)
Katze – die Katze: Femininum (weiblich)
Gras – das Gras: Neutrum (sächlich)
Zur Bestimmung des Genus wird immer der Singular eines Nomens gebildet:
Beispiel:
die Bälle – der Ball: Maskulinum

Numerus

Mit dem **Numerus** eines Nomens wird ausgedrückt, ob das Nomen einmal oder mehrmals vorhanden ist. Es wird demnach in Singular (Einzahl, z. B. die Katze) und Plural (Mehrzahl, z. B. die Katzen) unterschieden. Eine Besonderheit sind Nomen, die es nur im Singular (Jugend, Regen, Laub) oder nur im Plural (Ferien, Tropen, Masern) gibt.

Kasus

Innerhalb eines Satzes kann ein Nomen in vier verschiedenen **Kasus** (Fälle) auftreten. Die **Deklination** (Fallsetzung) eines Nomens wird durch die folgenden Tabellen veranschaulicht:

Maskulinum

Kasus	Numerus	
	Singular	Plural
Nominativ (wer oder was?)	der Ball	die Bälle
Genitiv (wessen?)	des Balles	der Bälle
Dativ (wem?)	dem Ball	den Bällen
Akkusativ (wen oder was?)	den Ball	die Bälle

Femininum

Kasus	Numerus	
	Singular	Plural
Nominativ (wer oder was?) Genitiv (wessen?) Dativ (wem?) Akkusativ (wen oder was?)	die Katze der Katze der Katze die Katze	die Katzen der Katzen den Katzen die Katzen

Neutrum

Kasus	Numerus	
	Singular	Plural
Nominativ (wer oder was?) Genitiv (wessen?) Dativ (wem?) Akkusativ (wen oder was?)	das Gras des Grases dem Gras das Gras	die Gräser der Gräser den Gräsern die Gräser

Das Adjektiv

Neben Verben und Nomen bilden die **Adjektive** die dritte Gruppe der Hauptwortarten. Sie geben Eigenschaften an und ermöglichen es, Tätigkeiten, Vorgänge, Zustände oder Sachverhalte näher zu kennzeichnen und zu bewerten.
Die Genauigkeit des Ausdrucks wird auch durch die Verwendung von Vergleichsformen (Steigerungsformen) des Adjektivs erhöht.

Bei der **Steigerung der Adjektive**, die regelmäßig oder unregelmäßig erfolgen kann, unterscheidet man drei Stufen, was folgende Tabelle verdeutlicht:

Steigerungsform	**Positiv** (Grundstufe)	**Komparativ** (Vergleichsstufe)	**Superlativ** (Höchststufe)
regelmäßig	hoch	höher	am höchsten
	hell	heller	am hellsten
unregelmäßig	viel	mehr	am meisten

In Vergleichen steht nach dem Positiv „wie“, nach dem Komparativ „als“.
Beispiel:
Er lief genauso schnell wie am Vortag.
Er lief schneller als am Vortag.

Eine Besonderheit bilden Adjektive, die nur einmal (vordere/vorderste; untere/unterste) oder gar nicht gesteigert werden können, weil bereits eine Höchststufe ausgedrückt wird (butterweich, einzig, absolut, erstklassig).

3.3 Satzlehre

Sätze bestehen nicht einfach aus aneinandergereihten Wörtern, sondern aus Satzgliedern. **Satzglieder** sind einzelne Wörter oder Wortgruppen; sie bilden die Grundbausteine eines Satzes und können durch die **Umstellprobe** ermittelt werden.

Beispiel:
Simon / repariert / in seiner Freizeit / gerne / Fahrräder.
Gerne / repariert / Simon / Fahrräder / in seiner Freizeit.
In seiner Freizeit / repariert / Simon / Fahrräder / gerne.
Repariert / Simon / in seiner Freizeit / gerne / Fahrräder?

Jedes Satzglied übernimmt im Satzzusammenhang eine besondere Aufgabe; so drückt zum Beispiel das Subjekt aus, wer oder was etwas tut oder wer oder was etwas ist. Die folgende Tabelle gibt einen Überblick über alle Satzglieder. (Das in die Tabelle aufgenommene Attribut ist allerdings kein eigenes Satzglied, sondern es bestimmt Satzglieder, die ein Nomen enthalten, genauer. Man nennt das Attribut deshalb auch Satzgliedteil.)

Alle Satzglieder im Überblick

Bezeichnung	Erkennungsfrage	Beispiel
Subjekt (Satzgegenstand)	Wer oder was?	*Simon* repariert Fahrräder.
Prädikat (Satzaussage)	Was tut …? Was geschieht? Was wird ausgesagt?	Simon *repariert* Fahrräder.
Prädikativ	(nach „sein, werden, bleiben, gelten“)	Die Katze <u>ist</u> *zahm*. Er <u>wurde</u> *Fußballprofi*. Wir <u>blieben</u> *bescheiden*. Simon <u>gilt</u> *als sehr guter Fußballspieler*.
Objekt (Satzergänzung)		
Genitivobjekt	Wessen?	Sie bemächtigten sich *der Burg*.
Dativobjekt	Wem?	Simon hilft *seiner Schwester*.
Akkusativobjekt	Wen oder was?	Ronja besucht *ihren Freund*.
Präpositionales Objekt	Fragewort mit Präposition, z. B.: Worauf? Wofür? Woraus? Woran? Worüber? Womit?	Ich freue mich *auf den Besuch*. Ich bedanke mich *für das Geschenk*. Ich schließe das *aus seinem Verhalten*.

Bezeichnung	Erkennungsfrage	Beispiel
Adverbiale … (Umstandsbestimmung)		
des Ortes (Lokaladverbiale)	Wo? Wohin? Woher?	Sie trainierten *in der Halle.*
der Zeit (Temporaladverbiale)	Wann? Seit wann? Wie lange? Wie oft?	Sie trainierten *mehrere Stunden.*
der Art und Weise (Modaladverbiale)	Wie? Wie sehr? Auf welche Art und Weise?	Sie trainierten *fleißig.*
des Grundes (Kausaladverbiale)	Warum? Wozu? Weshalb?	Sie trainieren *aus Freude.*
Attribut (Beifügung)	Was für ein …?	Er war ein *waghalsiger* Kletterer.

Haupt- und Nebensätze

Sätze werden ihrer Form nach in Haupt- und Nebensätze unterschieden. Der Hauptsatz ist ein selbstständiger Satz, der mindestens aus Subjekt und Prädikat besteht, während der Nebensatz nicht für sich alleine stehen kann und vom Hauptsatz abhängig ist. Bildlich gesprochen kann man sich den Hauptsatz als Lokomotive, den Nebensatz als Anhänger vorstellen.

Hauptsatz	Nebensatz
Christoph spielte nicht mit,	weil er sich verletzt hatte.
Auf seiner Position spielte Stefan,	der ein guter Ersatzmann war.
Der Trainer wusste nicht,	was für eine Taktik er wählen sollte.

Die drei Nebensätze in der obigen Tabelle zeigen, was einen Nebensatz (auch Gliedsatz genannt) vom Hauptsatz unterscheidet:

- Ein Nebensatz ist vom Hauptsatz abhängig und kann nicht alleine stehen.
- Das Prädikat beziehungsweise alle Teile des Prädikats (Beispiel: … verletzt hatte, … war, … wählen sollte) stehen immer an der letzten Stelle.
- Der Nebensatz wird in der Regel durch ein kennzeichnendes Wort eingeleitet (Beispiel: unterordnende Konjunktionen, z. B. dass, damit, weil, wenn, als; Relativpronomen, z. B. der, die, das, welcher, welche, welches, wer, was).

Nicht immer ist es möglich, Nebensätze mithilfe der oben genannten Merkmale eindeutig zu charakterisieren. Von verkürzten oder satzwertigen Nebensätzen spricht man in folgenden Fällen:

- Infinitivsatz: Er hat im Gegensatz zu vollständigen Nebensätzen kein Subjekt und kein Prädikat in Form eines konjugierten Verbs.
  Beispiel:
  Der Schiedsrichter hob die Pfeife zum Mund (,) *um das Spiel anzupfeifen.*

- Partizipialsatz: Der Partizipialsatz hat ebenfalls kein Subjekt und keine konjugierte Verbform als Prädikat.
  Beispiel:
  Den Pokal in der Hand haltend (,) jubelten die Spielerinnen.
  Auf dem Rathausplatz angekommen (,) wurden sie mit Applaus empfangen.
- Indirekte Rede: Das Prädikat steht anders als beim Nebensatz an zweiter Stelle.
  Beispiel:
  Christoph sagte, er *sei* vom Sicherheitsdienst.

Die Einteilung der Nebensätze

Die **Einteilung der Nebensätze** kann man nach ihrer grammatischen und inhaltlichen Leistung vornehmen, denn Nebensätze übernehmen die Rolle eines Satzgliedes. Deshalb nennt man sie auch Gliedsätze. Die folgende Tabelle zeigt an, dass Satzglieder (mit Ausnahme des Prädikats) und Satzgliedteile durch einen Nebensatz ersetzt werden können. Man erfragt die Nebensätze deshalb mit den gleichen Fragen wie die Satzglieder (Wer oder was? Wen oder was? Wo? Wann? ...).

Beispiel	Nebensatz
Seine Mühe (Subjekt) war leider ohne Nutzen. *Dass er sich bemühte,* war leider ohne Nutzen.	als Subjekt (Subjektsatz)
Der Fußgänger meldete *den Unfall* (Akkusativobjekt). Der Fußgänger meldete, *dass ein Unfall passiert sei.*	als Objekt (Objektsatz)
Der *sehr flinke* (Attribut) Verteidiger schoss ein Tor. Der Verteidiger, *der sehr flink war*, schoss ein Tor.	als Attribut (Attributsatz)
Nach dem Ende des Spiels (Adverbiale) feierte die Mannschaft. *Nachdem das Spiel abgepfiffen worden war*, feierte die Mannschaft.	als Adverbiale (Adverbialsatz)

Besonders häufig übernehmen Nebensätze die Aufgaben von Attributen oder von Adverbialien (Umstandsbestimmungen). Die meisten Attributsätze werden durch ein Relativpronomen eingeleitet und sind also der Form nach Relativsätze. Adverbialsätze werden mit Ausnahme des Lokalsatzes durch eine unterordnende Konjunktion eingeleitet und zählen somit zu den Konjunktionalsätzen. Je nach der Bedeutung der Adverbialien unterscheidet man entsprechend auch die Adverbialsätze. Darüber informiert die folgende Tabelle:

Adverbialsatz	Aussage über	Konjunktion	Beispiel
Temporalsatz	Zeitpunkt, Zeitdauer	als; nachdem; bevor; wenn; während; sobald	*Nachdem wir gespielt hatten, begann es zu regnen.*
Kausalsatz	Ursache, Begründung	weil; da	*Weil es regnete, konnten wir nicht spielen.*
Konditionalsatz	Bedingung, Voraussetzung	wenn; falls; sofern	*Falls der Regen noch in dieser Stunde aufhört, setzen wir das Spiel fort.*
Konsekutivsatz	Folge	sodass/so dass; dass; so ... dass	*Er lief so schnell, dass er nicht mehr abbremsen konnte.*

Adverbialsatz	Aussage über	Konjunktion	Beispiel
Finalsatz	Absicht, Zweck	damit; dass; auf dass	*Vor dem Spiel wärmen wir uns auf, damit wir uns nicht verletzen.*
Konzessivsatz	Einräumung; Grund, der nicht zählt	obgleich; obwohl	*Obwohl es regnete, spielten wir draußen.*
Modalsatz	Art und Weise	indem; dadurch, dass	*Dadurch, dass er fleißig trainierte, wurde er ein guter Spieler.*
Adversativsatz	Gegenteil	während; anstatt dass	*Klaus spielte im Mittelfeld, während er lieber stürmen wollte.*
Komparativsatz	Vergleich	als; wie; als ob; als wenn	*Er sieht aus, als ob er sich über die Niederlage sehr geärgert hätte.*
Lokalsatz	Ort, Richtung		*Wir spielen dort, wo auch das Hinspiel stattgefunden hat.*

Satzreihe und Satzgefüge

Neben den Satzgliedern, der Unterscheidung von Haupt- und Nebensätzen und der Kennzeichnung verschiedener Nebensatzarten können auch die Verbindungen mehrerer Sätze untersucht werden. In diesem Zusammenhang unterscheidet man die Satzreihe und das Satzgefüge.

- Die **Satzreihe** (Parataxe) ist die Verbindung mehrerer vollständiger Hauptsätze. Dabei spielt es keine Rolle, ob die Hauptsätze durch eine nebenordnende Konjunktion verbunden sind oder durch Kommata oder ein Semikolon getrennt werden.
  Beispiel:
  Wir bleiben zu Hause, denn draußen regnet es.
  Simon liest ein Buch, seine Schwester spielt Handball und sein Freund geht ins Kino.
  Er würde gern eine Reise unternehmen; doch das Geld reicht nicht aus.
  Das Schiff setzte die Segel. Es verließ den Hafen sehr schnell, denn der Wind stand günstig.
- Das **Satzgefüge** (Hypotaxe) verbindet Haupt- und Nebensätze. In der Regel wird ein Hauptsatz mit einem oder mehreren Nebensätzen verknüpft. In einem einfachen Satzgefüge kann der Nebensatz als Vorder-, Zwischen- oder Nachsatz stehen.
  Beispiel:
  Nachdem der Fremde gegangen war, verließ der Inspektor das Lokal.
  Der Inspektor verließ, *nachdem der Fremde gegangen war*, das Lokal.
  Der Inspektor verließ das Lokal, *nachdem der Fremde gegangen war.*

Ein etwas komplizierteres Satzgefüge entsteht, wenn ein Nebensatz (zweiten Grades) in einen anderen Nebensatz (ersten Grades) eingebettet wird.
Beispiel:
Nachdem der Fremde (Nebensatz ersten Grades), **der vom Regen durchnässt war** (Nebensatz zweiten Grades), **das Lokal verlassen hatte** (Nebensatz ersten Grades, Fortsetzung), nahm der Inspektor die Verfolgung auf (Hauptsatz).

3.4 Zeichensetzung

Satzzeichen gliedern einen geschriebenen Text und machen ihn leserfreundlich. Dagegen ist ein Text ganz ohne Satzzeichen nur sehr schwer zu lesen und manches bleibt auf den ersten Blick unklar.

Brechen sie oder brechen sie nicht die Ingenieure in der französischen Stadt Toulouse starren gebannt auf ihre Versuchsobjekte zwei Flugzeugtragflächen von gigantischen Ausmaßen in einem Experiment biegt eine Maschine die Flügelspitzen mit Gewalt acht Meter nach oben aber die Flügel widerstehen dem gewaltigen Druck auch in großer Höhe über der Erde werden sie in einem Orkan das größte Passagierflugzeug der Welt sicher in der Luft halten und nicht abbrechen fast 80 m Flügelspanne machen den A 380 breiter als ein Fußballfeld und ein achtstöckiges Haus würde die 24 m hohe Heckspitze des Riesen nur unwesentlich überragen.

Auch die Übersichtlichkeit eines Textes geht ohne Satzzeichen verloren. Dies veranschaulichen die beiden Schreibweisen des folgenden Textes, einmal ohne und einmal mit den passenden Satzzeichen:

Der kleine Ganove stiehlt gleich bei der ersten Beichte dem Pfarrer die Uhr und beichtet Ich habe eine Uhr gestohlen Darf ich Ihnen die Uhr geben Herr Pfarrer Der Pfarrer entrüstet Was fällt dir ein Ich nehme sie nicht Gib sie dem Eigentümer zurück Das habe ich versucht Er will sie nicht Dann kannst du die Uhr guten Gewissens behalten.

Der kleine Ganove stiehlt gleich bei der ersten Beichte dem Pfarrer die Uhr und beichtet: „Ich habe eine Uhr gestohlen. Darf ich Ihnen die Uhr geben, Herr Pfarrer?" Der Pfarrer entrüstet: „Was fällt dir ein? Ich nehme sie nicht. Gib sie dem Eigentümer zurück!" „Das habe ich versucht. Er will sie nicht." „Dann kannst du die Uhr guten Gewissens behalten."

Gäbe es die Satzzeichen nicht, gingen die leserfreundliche Klarheit und Übersichtlichkeit eines Textes verloren, und in Zweifelsfällen müssten sogar Missverständnisse ausgeräumt werden; denn wer oder was ist im folgenden Beispiel gemeint?

Saskia sagte Sabine sei eine gute Sportlerin.

Der Verteidiger schoss das Tor nicht aber der Stürmer.

Mit Satzzeichen könnten die Sätze so aussehen:

Saskia sagte, Sabine sei eine gute Sportlerin.
Saskia, sagte Sabine, sei eine gute Sportlerin.
Der Verteidiger schoss das Tor nicht, aber der Stürmer.
Der Verteidiger schoss das Tor, nicht aber der Stürmer.

Satzzeichen sind: Punkt, Fragezeichen, Ausrufezeichen, Komma, Semikolon, Doppelpunkt, Anführungszeichen, Gedankenstrich, Klammern, Auslassungszeichen und Apostroph, Auslassungspunkte und Schrägstrich.

Die folgenden Seiten beschränken sich, neben einer Ergänzung zur Zeichensetzung bei der wörtlichen Rede am Ende des Kapitels, auf die Kommasetzung als einen besonders fehlerträchtigen Bereich. Das Deutsche kannte die Kommasetzung in der rhetorischen Funktion des Pausenzeichens, die noch bis ins 19. Jahrhundert hinein vorherrschend war. Diese Funktion ist heutzutage von der eindeutigen grammatischen Funktion abgelöst worden: Das Komma wird entsprechend der grammatischen Gliederung eines Satzes gesetzt. Dazu unterscheidet man die folgenden Bereiche:

Das Komma zwischen Wörtern und Wortgruppen

Die Glieder einer Aufzählung von Wörtern oder Wortgruppen werden durch ein Komma getrennt, wenn sie nicht durch eine nebenordnende Konjunktion wie **und** bzw. **oder** verbunden sind.	Michael, René und Ronald sind seine besten Freunde. Er, sie und sein bester Freund standen in der Hotelhalle.
Werden die Glieder einer Aufzählung durch Konjunktionen verknüpft, die einen Gegensatz ausdrücken, steht ebenfalls ein Komma, z. B. bei: **jedoch, allerdings, vielmehr, aber, sondern, doch.**	Ich bin nicht unterwegs, sondern bei Tina. Sie lagen in der Sonne am See, aber leider nur für kurze Zeit. Sie stampfte zornig mit dem Fuß auf, doch schließlich beruhigte sie sich und wischte ihre Locke aus der Stirn.
Kein Komma steht, wenn die Glieder einer Aufzählung durch folgende nebenordnende Konjunktionen verbunden sind: – **beziehungsweise/bzw.** – **sowie** (im Sinne von **und**) – **wie** (im Sinne von **und**) – **sowohl … als auch** – **weder … noch**	Sie mochten sowohl die Entspannung in der Sauna als auch die Spaziergänge im Wald. Ihn störten weder das feuchte Gras noch die Ameisen.

Das Komma zwischen Hauptsätzen

Vollständige Hauptsätze können durch ein Komma abgetrennt werden. Steht zwischen den Sätzen ein **und** bzw. **oder**, wird in der Regel kein Komma gesetzt.	Es war an einem warmen Sommerabend im Juni, er wird sich immer daran erinnern. Er betrat das Gebäude und dann nahm er nur noch einen flüchtigen Schatten wahr.

Das Komma in Satzgefügen

Haupt- und Nebensatz werden durch ein Komma voneinander getrennt.	Weil es ein warmer Frühlingsabend war, fuhr sie mit dem Fahrrad. Sie fuhr mit dem Fahrrad, weil es ein warmer Frühlingsabend war. Sie fuhr, weil es ein warmer Frühlingsabend war, mit dem Fahrrad.

Nebensätze unterschiedlichen Grades werden ebenfalls durch ein Komma voneinander getrennt.	Sie lächelte, als sie das Glas, das bis an den Rand mit roter Flüssigkeit gefüllt war, auf dem Tisch absetzte.
Mehrere Nebensätze werden durch Komma voneinander getrennt, wenn sie nicht durch eine nebenordnende Konjunktion wie **und** bzw. **oder** verbunden sind.	Er war vom Spiel begeistert, weil es abwechslungsreich war, weil viele Tore geschossen wurden **und** weil beide Mannschaften fair spielten.

Das Komma bei Einschüben und nachgestellten Erläuterungen

Appositionen (nachgestellte nähere Erläuterungen zu einem Nomen) stehen im gleichen Kasus wie das Bezugsnomen und werden durch Kommas getrennt.	Sie traf sich mit Ilona, ihrer besten Freundin, zur Wirbelsäulengymnastik und im Biergarten.
Eingeschobene Hauptsätze (Parenthesen) werden durch Kommas vom übrigen Satz abgetrennt.	Das Frühstücksmesser, es war bis zum Griff mit Nuss-Nougat-Creme beschmiert, lag auf seinem Schreibtisch.
Mehrteilige Zeit-, Orts- und Literaturangaben werden vom übrigen Satz durch Kommas abgetrennt. Das Komma am Ende dieser Angaben kann entfallen.	Das Treffen fand am Freitag, dem 16.9. (,) statt. Sie sind nach Bad Salzuflen, Taubenweg 1 (,) gezogen. In der Zeitschrift „Deutsch", 1. Jahrgang, April 2005, S. 10 – 15 (,) wird über eine wunderbare Begegnung berichtet.
Durch Komma abgetrennte nachträgliche Erläuterungen werden häufig durch folgende Ausdrücke eingeleitet: – **das heißt/d. h.** – **zum Beispiel/z. B.** – **unter anderem/u. a.** – **und zwar/u. z.** – **nämlich, besonders, insbesondere, und das**	Er liebte den barocken Garten, insbesondere den Hügel der Venus im mittleren Teil der Anlage. Dieses Bild habe ich vor Augen, und das Tag und Nacht. Es war ein wunderbarer Geruch, und zwar nach frischer Erde und Minze.
Satzglieder, die besonders hervorgehoben werden sollen, können durch Kommas abgetrennt werden.	Die Lichtung, die ist fantastisch.

Das Komma bei Anreden und Ausrufen

Das Komma trennt Anreden, Ausrufe und Ausdrücke, mit denen ein Schreiber Stellung bezieht, vom übrigen Satz ab.	Frau Schneider, kümmern Sie sich bitte um unseren Stammgast. Oh, das werde ich mir merken! Hier willst du einen Tag und eine Nacht verbringen, eine gute Idee.

Das Komma bei Infinitivgruppen

Ein Infinitiv mit *zu*, zu dem weitere Satzglieder hinzukommen, wird in der Regel durch Kommas vom übrigen Satz abgetrennt.	Er war in der Lage, den schweren Stein anzuheben. Es ist nicht erlaubt, im Winter mit Sommerreifen zu fahren. Er versuchte, heimlich abzureisen.

Häufig hängt die Infinitivgruppe, die durch Kommas abgetrennt wird, von einem Nomen im übergeordneten Satz ab.	Er hatte nicht die **Möglichkeit**, mit dem Bus zu fahren. Er wurde bei dem **Versuch**, den Spickzettel in den Ärmel zu stecken, vom Lehrer erwischt.
Die Infinitivgruppe kann sich auf ein hinweisendes Wort im übergeordneten Satz beziehen. Solche hinweisenden Wörter können sein: *darauf, daran, dazu, es*	Er dachte nicht **daran**, das Heft zurückzugeben. **Darauf**, sich zu entschuldigen, kam sie offensichtlich nicht. Ich mag **es**, lange auszuschlafen. Lange auszuschlafen, **das** mag ich.
Manchmal wird die Infinitigruppe auch durch *um, ohne, statt, anstatt, außer, als* eingeleitet.	Der Autofahrer beschleunigte, ohne auf den Zebrastreifen zu achten. Ihm fiel nichts Besseres ein, als zu schimpfen. Statt zu lernen, lag sie in der Sonne.
Liegt ein einfacher Infinitiv mit *zu* vor, der sich auf ein Nomen oder hinweisendes Wort im übergeordneten Satz bezieht, kann ein Komma gesetzt werden.	Den Plan (,) abzureisen (,) verwarf er schnell wieder. Bea dachte nicht daran (,) zurückzukommen.

Ein Komma kann wahlweise gesetzt werden ...

bei formelhaften Nebensätzen	Wir werden (,) wenn möglich (,) noch einmal gemeinsam zu Abend essen.
zur Vermeidung von Missverständnissen und zur Verbesserung der Lesbarkeit	Er traf am Morgen Martina (,) und Karen ging währenddessen zum Schwimmen.

Die Zeichensetzung in der wörtlichen Rede

Vor und hinter der wörtlichen Rede steht jeweils ein Anführungszeichen. Das gilt auch für wörtlich niedergeschriebene Gedanken. Ein Redebegleitsatz steht vor oder hinter der wörtlichen Rede oder ist in die wörtliche Rede eingeschlossen.	Er sagte: „Ich rufe an." Sie fragte: „Wann rufst du an?" Er rief: „Nach der Reise melde ich mich sofort!" „Ich rufe an", sagte er. „Wann rufst du an?", fragte sie. „Bitte rufe am Sonntag an!", rief er. „Ich werde sofort fahren", sagte er, „und den Baum vom Weg entfernen." „Hast du wirklich", fragte sie, „so oft angerufen?" „Warte dort", rief er, „auch wenn es später wird!"

4. Rechtschreibung

4.1 Richtig schreiben – warum?

Versuche zunächst einmal probeweise, die folgenden Buchstabengruppierungen so anzuordnen, dass sich sinnvolle Wörter ergeben:

- elgnihcesn: ________________________________
- Rneflogheie: ________________________________
- Pstoiion: ________________________________
- Ploberm: ________________________________

Das nahezu komplett fehlerhafte Notieren von Wörtern wie im obigen Beispiel führt zu einer erschwerten Sinnentnahme bei Texten. Das ändert sich übrigens sofort, wenn die falsche Schreibung durch einen sinnvollen Textzusammenhang relativiert wird. Trotz der völlig übertriebenen Fehlerhaftigkeit des folgenden Textes wird die Aussage dadurch verständlich, dass die Wörter in einen stimmigen Kontext eingebunden sind:
Gmäeß eneir Sutide eneir elgnihcesn Uvinisterät ist es nchit witihcg in wlecehr Rneflogheie die Bstachuebn in eneim Wort sehten, das Ezniige, was wcthiig ist, ist, dass der estre und der leztte Bstabchue an der ritihcegn Pstoiion snid. Der Rset knan ein ttoaelr Bsinöldn sein, tedztorm knan man ihn onhe Pemoblre lseen. Das ist so, wiel wir nhcit jeedn Bstachuebn enzelin leesn, snderon das Wrot als gseatems. Das ghet wicklirh!

Das Textbeispiel verdeutlicht, dass der **Sinn einer korrekten Rechtschreibung** nicht allein im möglichst optimalen Verstehen eines Textes liegen kann. Aus der Sicht des Schreibers ermöglicht ein gewisses Maß an Rechtschreibsicherheit, die Konzentration stärker auf den Inhalt der eigenen Aussage zu richten. Dazu kommt, dass sich Rechtschreibfehler in vielen Situationen sehr nachteilig auswirken können, auch wenn sie nichts über den Menschen aussagen, der die Fehler macht. Eine möglichst weitgehende Beherrschung der einheitlichen orthografischen Normen wird in vielen Bereichen des alltäglichen Lebens gewünscht und gefordert. Dies gilt vor allem für die öffentliche und berufliche Verwendung der Schriftsprache (z. B. bei Klassenarbeiten, Einstellungstests oder Geschäftsbriefen), aber auch im Umgang mit privaten Adressaten. Richtig und fehlerfrei zu schreiben ist eine Kunst, über die nur sehr wenige Menschen verfügen. Aber schon die Verinnerlichung weniger **Faustregeln** senkt die Zahl der Schreibfehler erheblich. Im Folgenden sind die wichtigsten Schreibhilfen aufgeführt. In den Kapiteln 4.2 bis 4.4 schließt sich dann ein systematischer Überblick über die Rechtschreibbereiche an, in denen Orthografiefehler besonders häufig auftreten.

Die wichtigsten Schreibhilfen im Überblick

- In einigen Fällen erleichtert die **deutliche Aussprache** des Wortes die Unterscheidung von langen und kurzen Vokalen.
  Langer Vokal: Ofen, Kran, lahm, ihm, Maße
  Kurzer Vokal: offen, Kanne, Lamm, in, Masse
- Das **Trennen des Wortes** beim langsamen Sprechen ermöglicht es, die Sprechsilben herauszuhören, zum Beispiel:
  Scha-fe, ich schaf-fe, Käm-me, ich kä-me, Mit-te, Mie-te, ken-nen, ken-tern
- Die **Verlängerung eines Wortes** oder das Bilden verwandter Formen kann Klarheit bei gleich oder ähnlich klingenden Lauten verschaffen, zum Beispiel:
  er lie**s**t – le**s**en, Sta**b** – Stä**b**e, ihr gie**ß**t – gie**ß**en, öli**g** – öli**g**e, Ba**d** – die Bä**d**er, anfälli**g** – anfälli**g**er als
- Auch die **Frage nach dem Stammwort** erhöht im Zweifelsfall die Rechtschreibsicherheit, zum Beispiel:
  sich schnäuzen (von Schnauze, daher **ä**)
  mächtig (von Macht, daher **ä**)
  Kräuter (von Kraut, daher **ä**)
- Der sicherste Tipp ist der, im **Wörterbuch nachzuschlagen**. Dabei sind die Wörter immer in einer bestimmten Form alphabetisch angeordnet:
  Verben findet man im Infinitiv (Grundform), Nomen im Singular und Adjektive im Positiv (Grundstufe).
- Manchmal kann es auch hilfreich sein, die **Ausweichstrategie** zu wählen; dabei wird in Zweifelsfällen ein Ersatzwort oder eine alternative Formulierung gewählt.
- Nach dem Schreiben eines Textes sollte immer eine **Überarbeitungsphase** eingeplant werden; dabei kann das besondere Augenmerk auf die häufigsten Fehlerursachen gelenkt werden, nämlich die Zeichensetzung, die Schreibung der s-Laute (vor allem „das" und „dass") und die Großschreibung.
- Insgesamt ist eine positive **Einstellung zum richtigen Schreiben sinnvoll**: Korrekte Rechtschreibung ist ein wichtiges und erstrebenswertes Ziel!

4.2 Groß- und Kleinschreibung

Im Gegensatz zu anderen Sprachen bereitet im Deutschen die Großschreibung oft besondere Probleme. Die neu entwickelte Druckkunst führte im 16. Jahrhundert zur Einführung der Majuskeln (Großbuchstaben), die als besonders ästhetisch empfunden wurden. Im 18. Jahrhundert wurde dann die Großschreibung der Nomen verbindlich gemacht. Da die Wortarten nicht immer eindeutig voneinander abzugrenzen sind, stellt sich in Zweifelsfällen die Frage, ob es sich beim zu schreibenden Wort um ein Nomen handelt oder nicht. In dem Satz: *Sie war die Beste in ihrer Altersklasse* wird *die Beste* als Nomen empfunden. Aber als Beifügung zu *Sportlerinnen* wird *beste* zum Adjektiv und kleingeschrieben: *Sie war die beste unter allen Sportlerinnen ihrer Altersklasse*.

Die wichtigsten **Regeln für die Groß- und Kleinschreibung** werden in den beiden folgenden Übersichten zusammengefasst.

Großschreibung

Das erste Wort ■ eines vollständiges Satzes ■ der wörtlichen Rede ■ einer Überschrift wird großgeschrieben.	■ **D**as Wasser steht hoch. ■ Sie sagt: „**I**ch komme." ■ **U**nvorsichtiger Dieb von Papagei überrascht
Sie und **Ihr** werden als höfliche Anredepronomen in allen Formen großgeschrieben. Im Brief können auch die Anredepronomen **du** und **dein** großgeschrieben werden.	Wir möchten **I**hrem Wunsch entsprechen und **I**hnen mitteilen, dass **S**ie …
Bestimmte Verbindungen aus Adjektiven oder adjektivisch gebrauchten Zahlwörtern und Nomen werden als Eigenname empfunden und großgeschrieben.	■ der **H**eilige **V**ater ■ ein **R**oter **M**ilan ■ der **H**eilige **A**bend ■ der **Z**weite **W**eltkrieg
In Reihungen, die als Namen verwendet werden, werden das erste und das letzte Wort großgeschrieben. Die Schreibung aller anderen Wörter der Reihung entspricht den Regeln.	■ das **A**us-dem-Häuschen-**S**ein
Herkunfts- und Ortsbezeichnungen auf -er werden großgeschrieben.	■ **B**ielefelder Alm ■ **K**ölner Dom ■ **M**ünchener Oktoberfest
Zeitangaben in Form eines Nomens schreibt man groß. Vor ihnen steht oft ein Begleiter.	■ der **D**ienstag ■ am **M**ittwochabend ■ eines **M**orgens ■ am vergangenen **F**reitag ■ heute **A**bend/gestern **M**orgen/morgen **M**ittag

Das als Nomen gebrauchte Wort Mal wird großgeschrieben.	■ schon letztes **M**al ■ das zweite **M**al ■ nicht ein einziges **M**al
Alle Wortarten, die zu Nomen (Substantiven) werden, werden großgeschrieben; man erkennt sie in der Regel an einem Begleiter. Fehlt der Begleiter, kann man ihn häufig ergänzen: ■ Verben ■ nominalisierte (substantivierte) Adjektive (und Partizipien)	■ das **L**aufen ■ leises **S**prechen ■ zum **S**pielen ■ Das **R**ot des Zaunes ■ Im **F**olgenden ■ alles/manches **G**ute ■ viel/etwa/nichts/wenig/genug **I**nteressantes
■ nominalisierte (substantivierte) Numerale (Zahladjektive) ■ nominalisierte (substantivierte) Pronomen, Adverbien, Präpositionen, Konjunktionen, Interjektionen …	■ Er trägt die **Z**ehn auf dem Trikot. ■ der **N**ächste/der **L**etzte/jeder **D**ritte ■ alles **Ü**brige/auch das **G**eringste ■ Das ist eine **S**ie. ■ Es gab kein **O**ben und **U**nten mehr. ■ Sie erwogen das **F**ür und **W**ider. ■ Es war ein erstauntes **O**h zu vernehmen.
■ feste Fügungen, Paarformeln sowie Farb- und Sprachbezeichnungen nach Präpositionen	■ im **G**roßen und **G**anzen im **Ü**brigen/im **W**esentlichen/im **A**llgemeinen/ im **D**unkeln tappen/ ■ im **H**ier und **J**etzt/**A**rm und **R**eich/**G**roß und **K**lein ■ auf **F**ranzösisch/**b**ei Grün

Kleinschreibung

Die Wörter schuld, pleite, bange, leid und angst schreibt man in Verbindung mit den Verben sein, werden und bleiben klein.	■ Er ist **p**leite. ■ Sie war es **l**eid. ■ Sie sind nicht **s**chuld.
Klein schreibt man einige feste Verbindungen aus Präposition und Adjektiv: **über kurz oder lang, von fern, durch dick und dünn, von klein auf, ohne weiteres, bis auf weiteres, seit längerem, schwarz auf weiß, von neuem, grau in grau**	■ Er folgte ihr durch **d**ick und **d**ünn. ■ Sie begleitete ihn seit **l**ängerem.
Die persönlichen Anreden **du** und **dein** schreibt man in der Regel klein. In Briefen kann zwischen Groß- und Kleinschreibung gewählt werden.	■ Ich will **d**ich und **d**einen Freund einladen.
Orts- und Herkunftsbezeichnungen auf -isch werden kleingeschrieben, wenn sie nicht fester Bestandteil eines Eigennamens sind.	■ die **d**änische Ostseeküste ■ die **a**siatischen Gewürze
Zeitangaben in Form eines Adverbs schreibt man klein: **morgens, mittags, abends, nachts, samstags, sonntagabends, heute, gestern**	■ Sie gingen **a**bends aus. ■ Er traf sie immer **s**amstagmittags.
Wörter mit dem Wortbaustein -mal/-mals werden kleingeschrieben, wenn es Adverbien sind.	■ Sie versuchte es **m**ehrmals. ■ Er hat **v**iermal angerufen.

4.3 Getrennt- und Zusammenschreibung

Bei einigen adverbialen und präpositionalen Ausdrücken kann ein Schreiber zwischen Getrennt- und Zusammenschreibung wählen. Beispiele hierfür sind:

infrage/in Frage stellen, zustande/zu Stande bringen,
zuschulden/zu Schulden kommen lassen;
anstelle/an Stelle, aufseiten/auf Seiten, aufgrund/auf Grund, mithilfe/mit Hilfe,
zugunsten/zu Gunsten.

Die Zusammenschreibung von Nomen (Komposita, z.B. Glück und Strähne – Glückssträhne) erfolgt in der Regel ohne Schwierigkeiten. Dagegen erfordert z.B. die richtige Entscheidung, ob eine Verbindung mit einem Verb oder Adjektiv getrennt oder zusammengeschrieben wird, eine genauere Regelkenntnis.

Die beiden folgenden Tabellen informieren über die Verbindungen mit einem Verb, daran schließt sich ein Überblick über die Getrennt- und Zusammenschreibung bei Verbindungen mit einem Adjektiv oder Partizip an.

Getrenntschreibung

Getrennt geschrieben werden Verbindungen mit dem Hilfsverb **sein**.	Ende Mai werde ich wieder **da sein**. Sie ist noch nie **hier gewesen**.
Verbindungen aus zwei Verben werden in der Regel getrennt geschrieben.	Heute Nachmittag werden wir **spazieren gehen**. Mein kleiner Bruder hat mit zehn Monaten **laufen gelernt**.
Verbindungen aus einem Nomen und einem Verb werden in der Regel getrennt geschrieben.	Er wird in den Ferien **Ski fahren**. Lass uns noch ein **Eis essen** und dann **Fußball spielen**.
Verbindungen aus einem Adjektiv und einem Verb werden getrennt geschrieben, wenn beide Bestandteile ihre ursprüngliche Bedeutung behalten und betont sind.	Bei einem Referat solltest du unbedingt **frei sprechen**. Im Chor habe ich **laut gesungen**. Mareike hat mich gestern **richtig genervt**. Das Auto wurde bei dem Unfall **schwer beschädigt**.
Getrennt geschrieben werden solche Verbindungen auch, wenn damit ein Satz eingeleitet wird.	**Beisammen bleiben** wir doch wohl für immer! **Herunter kommen** sie immer.
Verbindungen aus einem Adverb und einem Verb werden getrennt geschrieben, wenn beide Bestandteile betont sind.	Nach der Operation kann er **wieder sehen**. Möchtest du **dabei sitzen** oder **dabei stehen**? Sollen wir **abwärts fahren** oder **laufen**?
Verbindungen aus einem Adjektiv und einem gesteigerten ersten Bestandteil werden getrennt geschrieben.	Das ist **besonders schwer verständlich**. Dieses Essen war **leichter verdaulich** als das letzte.

Zusammenschreibung

Verbindung mit einem Verb	
Vor allem **Präpositionen und Adverbien** können mit Verben eine Verbindung eingehen, die im Infinitiv, im Partizip und bei Endstellungen im Nebensatz zusammengeschrieben werden: an, auf, zusammen, auseinander, herab, herauf … In diesem Fall liegt die Betonung deutlich auf dem ersten Wortbestandteil.	Möchtest du nicht noch mit **heraufkommen**? Mike hat mit dem Streit **angefangen**. Damit müssen wir uns noch einmal **auseinandersetzen**. Ich bin mit dem Projekt **vorwärtsgekommen**. Wenn es weiter so **vorangeht**, bin ich in zwei Stunden fertig.
Verbindungen aus Präpositionen und Adverbien werden auch dann zusammengeschrieben, wenn die Betonung deutlich auf dem zweiten Wortbestandteil liegt.	Die Baustelle sollten Sie weiträumig **umfahren**. Das Auto hat die Mauer **durchbrochen**. Astrid hat ihre Freundin **hintergangen**. Dem muss ich deutlich **widersprechen**!
Eine Verbindung aus einem ursprünglichen Nomen und einem Verb wird zusammengeschrieben, wenn das Nomen keine eigenständige Bedeutung mehr hat.	Das kannst du **handhaben**, wie du willst. Karsten **schlafwandelt** regelmäßig. Das hat ihm wirklich **leidgetan**. (leidtun) Können wir während der Klassenfahrt auch eislaufen?
Verbindungen aus einem Nomen und einem Verb werden zusammengeschrieben, wenn der gesamte Ausdruck zu einem Nomen, also nominalisiert wird.	Kannst du noch **Holz holen**? **Das Holzholen** macht mir Spaß.
Verbindungen aus einem Adjektiv und einem Verb werden zusammengeschrieben, wenn ein Begriff mit einer neuen Bedeutung entsteht.	Der Angeklagte wurde **freigesprochen**. Es wird mir **schwerfallen**, das Geld aufzubringen. Das musst du unbedingt **richtigstellen**.
Verbindungen aus Wörtern, die allein nicht vorkommen, und einem Verb werden zusammengeschrieben: vorlieb-, überhand-, abhanden-, entzwei-, fürlieb-	Sind wir nicht **übereingekommen**, das Projekt erst im nächsten Jahr zu starten? Du musst leider mit dem schlechtesten Platz **vorliebnehmen**.
Verbindungen aus zwei Verben können zusammengeschrieben werden, wenn eine neue Bedeutung entsteht. Das betrifft vor allem Verbindungen, deren zweiter Bestandteil aus den Verben *bleiben* und *lassen* besteht.	Klaus ist leider im letzten Jahr **sitzengeblieben**. (nicht versetzt) Schon wieder ist so viel Arbeit **liegengeblieben**. (unerledigt) Er hat mich einfach links **liegengelassen**. (unbeachtet gelassen)

Verbindung mit einem Adjektiv	
Verbindungen mit einem Adjektiv oder Partizip und anderen Wortarten werden zusammengeschrieben, wenn der erste Bestandteil umschrieben werden kann.	angsterfüllt = **von Angst** erfüllt feuerrot = **rot wie** Feuer jahrelang = **viele Jahre** lang hitzebeständig = **gegen Hitze** beständig
Verbindungen mit einem Adjektiv werden zusammengeschrieben, wenn ein Bestandteil in dieser Form nicht selbstständig vorkommt.	letztmalig, blauäugig, vieldeutig, großspurig, gleichrangig
Verbindungen aus gleichrangigen Adjektiven werden zusammengeschrieben.	graublau, feuchtwarm, dummdreist, taubstumm, nasskalt
Verbindungen mit einem Adjektiv, bei dem der erste Bestandteil die Bedeutung verstärkt oder abschwächt, werden zusammengeschrieben.	bitterkalt, dunkelrot, erzkonservativ, extrabreit, lauwarm, brandaktuell, frühreif

4.4 s-Laute

Bei den s-Lauten unterscheidet man den **stimmhaften**, gesummten s-Laut (z. B. Rose, Reise) und den **stimmlosen**, gezischten s-Laut. Für den stimmhaften s-Laut steht immer das einfache s. Am Wortende und vor Konsonanten wird das einfache s manchmal zu einem stimmlosen s-Laut (z. B. Gras).
Eine der Hauptfehlerquellen in der Rechtschreibung ist der richtige Gebrauch des einfachen **s** und von **ß** und **ss**, vor allem beim Relativpronomen „das" und bei der Konjunktion „dass". Dass diese Unterscheidung im Althochdeutschen und Mittelhochdeutschen noch deutlich unkomplizierter war, zeigt das folgende Beispiel aus dem Nibelungenlied (um 1200):
„Do liebt' in din reise **daz** si komen in **daz** lant."
Eine Abgrenzung vom Artikel **das** und der Konjunktion **dass** spielt für die Schreibweise noch keine Rolle:
„Da wollten sie reisen, dass (damit) sie in das (dieses) Land kämen."

Einen Überblick über die Schreibung der s-Laute gibt die folgende Tabelle:

s	bei stimmhaftem und gesummtem s-Laut, bei stimmlosem, gezischtem s-laut, wenn die Verlängerungsprobe einen stimmhaften s-Laut ergibt, bei Konsonantenverbindungen wie sk, st, sp	Rasen, Nase saust – sausen bläst – blasen Maske, Rost, Knospe
ss	fast immer nach kurzem betontem Vokal	lassen Presse Kuss
s/ss	Wörter mit der Endung -nis werden im Singular immer mit **s** geschrieben, im Plural steht **ss**.	Ergebnis/Ergebnisse Zeugnis/Zeugnisse Geheimnis/Geheimnisse
ß	fast immer nach langem, betontem Vokal	Grüße, Straße, genießen, groß, grüßen

Die Entscheidung, ob die besonders fehlerträchtigen Schreibweisen „das" oder „dass" richtig sind, kann nur mithilfe der Grammatik getroffen werden:

das	als bestimmter Artikel, als Relativpronomen einen Nebensatz einleitend (kann durch dieses/jenes/welches ersetzt werden), als Demonstrativpronomen (kann durch dieses/jenes/welches ersetzt werden)	das Auto Das Herrenhaus, das (welches) an einem Fluss liegt, steht zum Verkauf. Das (betont) ist der Mann, der gesucht wird.
dass	als unterordnende Konjunktion einen Nebensatz einleitend	Ich hoffe, dass sie kommt.

5. Grundfertigkeiten

5.1 Argumentieren und Erörtern

Häufig geht es in Gesprächen oder bei der Arbeit an Texten darum, dass man zu einer Frage oder einem Problem die eigene **Meinung** äußert. Um eine Frage zu klären, eine bestimmte Position zu vertreten oder zu einem Problem Stellung zu nehmen, sammelt man **Argumente**, mit deren Hilfe man den eigenen Standpunkt begründet. Im Gegensatz zu Behauptungen, die nicht begründet werden, sind Argumente **begründete Aussagen**.

Um eine Aussage zu begründen, kann man

- auf überprüfte und bewiesene, mindestens aber einleuchtende Tatsachen hinweisen,
- sich auf eine Autorität (z. B. die Aussage eines Wissenschaftlers) oder aber auf die eigene Erfahrung berufen.

Besonders günstig wirkt es sich auf die Argumentation aus, wenn man ein Argument durch ein **Beispiel** ergänzen und so noch schlagkräftiger und überzeugender machen kann.

Die gründliche argumentative Auseinandersetzung mit einer Frage, einer Behauptung, einer Forderung oder einem Problem nennt man **Erörterung**.

Die Erörterung eines Sachverhaltes wird durch eine Themenstellung (themengebundene Erörterung) oder durch einen Text (textgebundene Erörterung) angeregt. Im Falle einer textgebundenen Erörterung geht es vor der eigentlichen argumentativen Auseinandersetzung in einem ersten Arbeitsschritt darum, die durch den Text aufgeworfene Themenfolge herauszuarbeiten.

Das folgende Schema verdeutlicht die drei gebräuchlichen Formen der Erörterung:

Erörterung

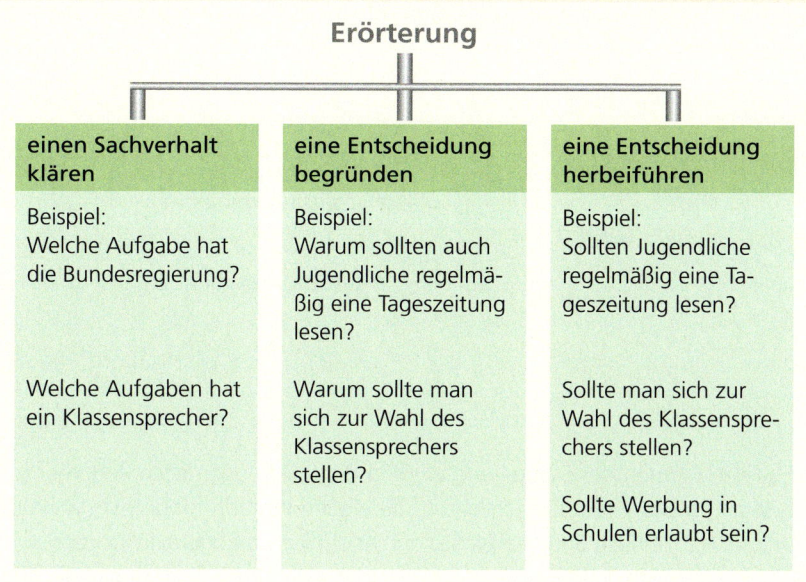

einen Sachverhalt klären	eine Entscheidung begründen	eine Entscheidung herbeiführen
Beispiel: Welche Aufgabe hat die Bundesregierung?	Beispiel: Warum sollten auch Jugendliche regelmäßig eine Tageszeitung lesen?	Beispiel: Sollten Jugendliche regelmäßig eine Tageszeitung lesen?
Welche Aufgaben hat ein Klassensprecher?	Warum sollte man sich zur Wahl des Klassensprechers stellen?	Sollte man sich zur Wahl des Klassensprechers stellen?
		Sollte Werbung in Schulen erlaubt sein?

Die Erörterung, mit der eine Entscheidung begründet wird, wird als reihende **Argumentation** gestaltet: Die Argumente werden nacheinander und nach zunehmender Wichtigkeit (steigernd) vorgebracht.
Für die Erörterung, mit der eine Entscheidung herbeigeführt werden soll, lassen sich zwei grundsätzliche Möglichkeiten unterscheiden:

Wird **reihend** argumentiert, werden zunächst alle Pro-Argumente und dann anschließend die Contra-Argumente vorgetragen:

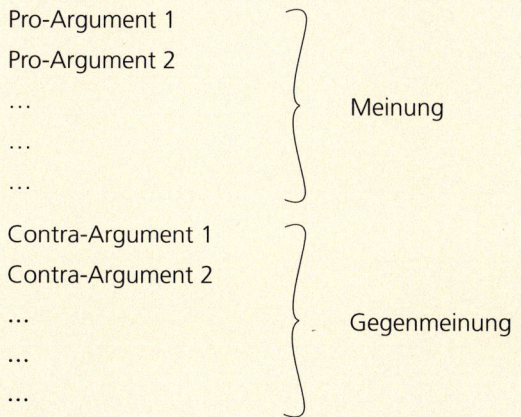

Pro-Argument 1
Pro-Argument 2
...
...
...
} Meinung

Contra-Argument 1
Contra-Argument 2
...
...
...
} Gegenmeinung

Eine **antithetische** Argumentation präsentiert die Pro- und Contra-Argumente abwechselnd:

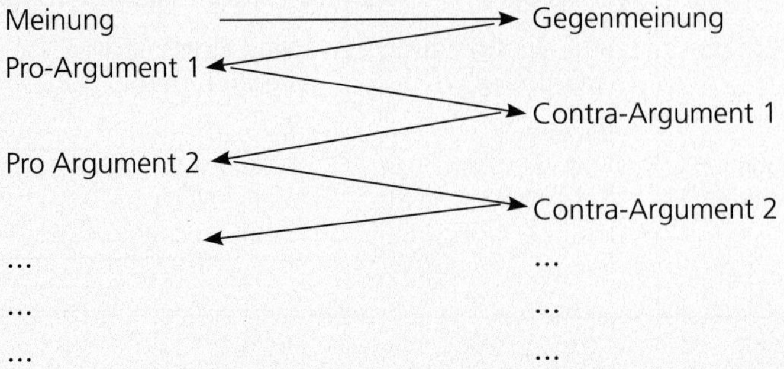

Bei beiden Formen der Darstellung werden die überzeugendsten Argumente in der Regel an das Ende gesetzt, damit die eigene Position möglichst nachhaltig deutlich wird. Je nach Sprechabsicht kann aber hiervon abgerückt werden:
Hat die Erörterung z. B. eher appellativen Charakter, kann das wichtigste Argument der Gegenmeinung auch an den Anfang gestellt werden, um es so indirekt abzuschwächen.

5.2 Berichten und Protokollieren

Ein **Bericht** dient dazu, Zuhörer oder Leser über ein Geschehen zu informieren. In einem **Protokoll** werden die wichtigsten Schritte eines Ablaufs klar, sachlich und übersichtlich wiedergegeben. Beide Formen der Wiedergabe orientieren sich am zeitlichen Ablauf des Geschehens und sind in entsprechende Abschnitte gegliedert.

Der **Bericht** ist die bekannteste und häufigste Art der Information. Zeitungsleser, Radiohörer und Fernsehzuschauer begegnen ihm täglich als Bericht über politische Ereignisse, Begegnungen mit Prominenten, Sportveranstaltungen oder als Unfall- oder Sensationsbericht. Berichtet wird von **tatsächlichen Ereignissen**, wobei in der Regel das **Wesentliche aus einem Geschehen** ausgewählt wird. Die Zeitform (Tempus) eines Berichts ist die **Vergangenheit** (Präteritum, Plusquamperfekt). Eine passende **Schlagzeile** liefert eine Kurzinformation zum Inhalt und ist so formuliert, dass das Interesse des Lesers geweckt wird. Ein vollständiger Bericht beantwortet folgende W-Fragen:
Was ereignete sich?
Wer war beteiligt?
Wann geschah es?
Wo geschah es?
Warum ereignete es sich?
Wie geschah es?
Welche Folgen ergeben sich?
Den vielfältigen Formen von Berichten entsprechend fallen diese sehr unterschiedlich aus: Sie können kürzer oder länger sein, und abhängig vom vermuteten Leserinteresse bzw. der Absicht des Berichterstatters fallen sie knapp und sachlich, aber auch subjektiver und stilistisch eigenständiger aus.

Die sachlich richtige und am zeitlichen Ablauf orientierte Wiedergabe eines Geschehens verbindet die Formen des Berichts und des Protokolls. Das **Protokoll** hat allerdings gegenüber dem Bericht einen deutlich begrenzten Anwendungsbereich. Es dient als **Erinnerungshilfe** für Teilnehmerinnen und Teilnehmer einer Veranstaltung, indem es genau **über den Ablauf informiert** und wichtige **Ergebnisses sichert**. Obwohl Unwichtiges wegfallen kann und das Protokoll so knapp und präzise wie möglich gehalten wird, sollte der Weg zu einem Ergebnis nachvollziehbar bleiben. Dabei bleiben die Ausführungen objektiv und enthalten **keine wertenden Passagen**.
Abhängig vom Zweck, dem ein Protokoll dienen soll, lassen sich fünf Arten von Protokollen unterscheiden.

- Das **Wortprotokoll** dient der Wiedergabe des genauen Wortlautes (z. B. bei Gerichtsverhandlungen oder Debatten im Bundestag).
- Das **Verlaufsprotokoll** zeichnet den Verlauf eines Gesprächs möglichst ganz nach (z. B. bei einem Verhör oder einer wichtigen Sitzung).

- Das **Kurzprotokoll**, zu dem auch das Unterrichtsprotokoll gerechnet wird, fasst die Schwerpunkte eines Gesprächs zusammen und sichert dessen Ergebnisse. Ein Unterrichtsprotokoll gibt das in einer Stunde erworbene Wissen systematisch und komprimiert wieder, wobei der Weg, der zu einem Ergebnis geführt hat, nachvollziehbar beschrieben werden sollte.
- Das **Ergebnisprotokoll** hält die Beschlüsse und Ergebnisse eines Gesprächs unabhängig von dessen Verlauf fest.
- Das **Gedächtnisprotokoll** hält die wesentlichen Inhalte eines Gespräches rückwirkend fest (z. B. als Erinnerungshilfe an ein Telefongespräch).

Die verschiedenen Protokollarten weisen **gemeinsame Merkmale** auf: So informieren die **Kopfzeilen** eines Protokolls über das Datum, den Ort, die Dauer und die Anwesenden; sie benennen den Protokollanten und das Thema bzw. die Tagesordnungspunkte einer Veranstaltung:

Protokoll (der Sitzung/der Stunde ...) vom (Datum)
Ort:
Dauer:
Anwesende:
Protokollant:
Thema bzw. Tagesordnungspunkte:

Die Wiedergabe erfolgt **gegliedert** nach den Phasen des Verlaufs bzw. der Tagesordnungspunkte. Mit seiner **Unterschrift** übernimmt der Protokollant die Verantwortung für die Richtigkeit seiner Ausführung. Die **Sprache** ist genau, sachlich und frei von Wertungen; einzelne Redebeiträge können zusammengefasst werden, Unwichtiges wird weggelassen; als Zeitformen sind Präsens oder Präteritum möglich.

Eine besondere Schwierigkeit stellt es oft dar, die notwendigen Informationen während des Verlaufs einer Stunde oder einer Sitzung **stichwortartig festzuhalten**. Hier kannst du dir folgendermaßen helfen:
Wenn du eine Tagesordnung vorliegen hast, schreibe die einzelnen Punkte auf unterschiedliche Zettel, die du dann mit Stichworten beschriftest. Geht es zum Beispiel um ein Stundenprotokoll, dann frage zunächst nach, welche Themen im Einzelnen besprochen bzw. erarbeitet werden.
Bei einem **Ergebnisprotokoll** ordnest du dann stichwortartig die wichtigsten Resultate den Tagesordnungspunkten oder den Unterrichtsphasen zu. Bei einer Schulstunde hilft dir dabei auch oft ein Tafelbild, das entstanden ist.
Beispiel: <u>1. Teil der Stunde</u> – Gliederung des Textes – Ergebnis:
1. Einleitung (Z. 1–5): Beschreibung der Umgebung, Trostlosigkeit
2. ...

Bei einem **Verlaufsprotokoll** kannst du wie bei einer Szene die Namen derjenigen, die Beiträge liefern, aufschreiben und dann die Aussagen stichwortartig zuordnen. Beispiel: <u>Analyse des ersten Teils</u>
Esra: im ersten Teil vor allem Sprachbilder
Niclas: kann man genauer beschreiben, Metaphern, Alliterationen ...

5.3 Briefe und Bewerbungen schreiben

Briefe kann man als Visitenkarten verstehen, die – häufig ohne Absicht des Verfassers – in Form und Inhalt einiges über den Absender mitteilen.
In vielen Situationen ist es sinnvoll, über den weitgehend standardisierten so genannten **Geschäftsbrief** zu verfügen. Im Folgenden ist das Muster eines solchen Briefes abgedruckt: Normal ist der einzeilige Zeilenabstand; die Punkte im Muster stehen für jeweils eine Leerzeile. Ein Geschäftsbrief ist nach DIN 5008 geformt.

•
•
•
(Anschrift mit näheren Angaben, z. B. Telefon) (Ort und Datum, rechtsbündig)
•
•
•
•
(Adressat,
möglichst genau
benennen)
•
•
•
•
(in Kurzform ohne „Betrifft/Betreff“ den Gegenstand des Schreibens benennen)
•
•
(Anrede, ggf. mit Titel; falls persönlich unbekannt: *Sehr geehrte Damen und Herren*; linksbündig klein weiterschreiben)
•
(Darstellung des Sachverhaltes gegliedert mit einer Leerzeile zwischen den Absätzen)
•
(adressatengerechte Grußformel; in der Regel: *Mit freundlichen Grüßen*)
(eigenhändige Unterschrift)
•
•
•
•
(unter Umständen Hinweis auf Anlagen)

Form und Inhalt einer schriftlichen Bewerbung bilden ein erstes Auswahlkriterium für einen Arbeitgeber, um zu entscheiden, ob eine Bewerberin oder ein Bewerber zu einem Vorstellungsgespräch eingeladen wird. Die Unterlagen sollten verdeutlichen, dass der Bewerber über die Anforderungen an normgerechte Bewerbungsunterlagen informiert ist, und einen positiven ersten Eindruck vermitteln. In der angegebenen Reihenfolge gehören in eine **Bewerbungsmappe**:

- das **Bewerbungsschreiben**;
  in der Regel wird hierfür die Form des Geschäftsbriefes gewählt, also keine vorgedruckten Formulare; eine DIN-A4-Seite wird normalerweise nicht überschritten, das Papier ist weiß und unliniert, der Text ohne Fehler;
- der **Lebenslauf mit Passfoto**;
  nur wenn ausdrücklich verlangt, wird der Lebenslauf handschriftlich verfasst; ansonsten ist der maschinengeschriebene, tabellarische Lebenslauf Standard; die Angaben werden zeitlich lückenlos und wahrheitsgemäß gemacht; das qualitativ hochwertige Passfoto wird zu dem Lebenslauf geklebt und kann mit Namen und Anschrift versehen werden; der Lebenslauf enthält folgende Informationen:

  – Name (Vor- und Zuname)
  – Anschrift/Telefon
  – Geburtsdatum
  – Geburtsort
  – Staatsangehörigkeit
  – Eltern
  – Geschwister
  – Schulausbildung (von/bis; angestrebter Abschluss; Schule und Schulort)
  – Besondere Kenntnisse und Qualifikationen
  – Persönliche Interessen
  – Ort/Datum
  – Unterschrift

- das letzte schulische **Zeugnis**;
  unter Umständen kommen Zeugnisse über bereits erworbene Abschlüsse hinzu; die Zeugnisse werden als beglaubigte Kopien beigefügt;
- falls vorliegend: weitere **Bescheinigungen**
  (Praktika, Teilnahme an Kursen, ehrenamtliche Tätigkeiten, Zertifikate, Gutachten, Auslandsaufenthalt, Vereinstätigkeit …)

Zwar entscheiden letztlich fachliche Voraussetzungen und persönliche Eignung über den Erfolg einer Bewerbung; dennoch trägt der oben beschriebene Inhalt einer Bewerbungsmappe zu einem ersten guten Eindruck vom Bewerber bei, dem auch durch eine sorgfältige **Gestaltung der Mappe** entsprochen werden sollte: Die Mappe für eine Bewerbung kann käuflich erworben werden oder man wählt eine Klarsicht-Klemmmappe in einer dezenten Farbe; Bewerbungsschreiben und Lebenslauf werden auf weißes Papier und im Original beigefügt; Schrifttypen und -größe fallen schreibmaschinentypisch aus; alle Texte sind sorgfältig auf Sprachrichtigkeit kontrolliert; die Mappe wird in einem handelsüblichen Umschlag auf normalem Postweg verschickt.

5.4 Charakterisieren

Das Wort „Charakter" kommt aus dem Griechischen und bedeutet so viel wie „eingekerbtes Zeichen, Gepräge, Stempel, Abdruck, Abbild, Wesen, Eigentümlichkeit". Unter dem **Charakter** eines Menschen versteht man ein relativ gefestigtes Ganzes von ererbten und erworbenen geistig-seelischen Eigenschaften, die dem Denken, Fühlen und Wollen eines Menschen zugrunde liegen.

Eine **Charakterisierung** hebt neben den äußeren Merkmalen einer Person auch ihre Eigenschaften und Fähigkeiten, ihre Wesenszüge und Eigentümlichkeiten hervor. Die Charakterisierung kann man insofern mit dem Porträt eines Malers vergleichen.
Als Aufsatzform ist die Charakterisierung eine Möglichkeit, sich das Wesen einer literarischen Figur zu verdeutlichen. Die Charakterisierung erfolgt auf der Grundlage einer genauen Beschreibung und Deutung der Textvorlage. Dabei können folgende Aspekte berücksichtigt werden:

Elemente einer Charakterisierung

- Äußeres Erscheinungsbild: Alter, Aussehen, Kleidung, Benehmen, Handlungen, Gewohnheiten
- Lebensweg, Biografie, Beruf
- Verhaltensweisen, Anlagen, Leistungen
- Sprache, Gesprächsverhalten
- Status und Rolle in Umwelt und Gesellschaft: Wie wird die Person von anderen eingeschätzt, welche Beziehung besteht zu den anderen Personen des Textes? Nimmt die Person Einfluss auf andere Personen oder ist sie deren Einfluss ausgesetzt?
- Zusammenfassende Kennzeichnung, dominante Wesenszüge und Eigenschaften; Meinungen, Ansichten, Einstellungen, Ideale, Weltauffassung; durchläuft die Person Veränderungen oder Entwicklungen im Äußeren oder dem Wesen?

Die **Charakterisierung** einer Person erfolgt

direkt – durch Aussagen der Person selbst
– durch Aussagen anderer
– durch Aussagen des Erzählers
oder

indirekt – durch das Verhalten einer Person; dazu erschließt der Leser einen Charakterzug aus der Verhaltensweise der Figur.

Arbeitsschritte zur Vorbereitung einer Charakterisierung

- Zunächst wird die Textvorlage gründlich gelesen, Textstellen werden markiert und Stichwörter am Rand notiert.
- Dann kann eine Stichwortsammlung zu den oben aufgelisteten Elementen einer Charakterisierung erstellt werden.
- Mit der leitenden Fragestellung „Was benutze ich in welcher Reihenfolge?" wird die Stichwortsammlung gegliedert.

Der Aufbau einer Charakterisierung

Einleitung
In der Einleitung wird der Handlungsrahmen skizziert, in dem die Textvorlage für die Charakterisierung der Figur steht. Auch die Rolle der Figur im Text (Hauptfigur, Nebenfigur) wird knapp umrissen.

Hauptteil
Im Hauptteil erfolgt eine gegliederte Wiedergabe der Elemente einer Charakterisierung, wobei der Text vom Äußeren zum Inneren der Figur fortschreitet und von weniger wichtigen zu wichtigen Elementen gesteigert wird (vgl. hierzu die „Elemente einer Charakterisierung"). Zentrale Aussagen werden dabei durch Zitate am Text belegt.

Schluss
Im Zusammenhang mit einer kurzen Zusammenfassung wird die Bedeutung der charakterisierten Figur für das Geschehen beleuchtet. Der Schlussteil kann mit der möglichen Einstellung des Autors und der Einstellung des Schreibenden zur Figur abgerundet werden.

5.5 Inhalte zusammenfassen

Die **Inhaltsangabe** und die **Zusammenfassung** sind zwei Formen, einen Text wiederzugeben. Beide Textsorten setzen voraus, dass die Sache, um die es im Text geht, verstanden worden ist. Während die Inhaltsangabe meistens einen literarischen Text als Vorlage hat, liegt der Zusammenfassung eher ein nichtliterarischer Text zugrunde.

Bei der **Inhaltsangabe** wird ein Handlungsgang nachgezeichnet. Dabei wird ein Leser oder Zuhörer über wichtige inhaltliche Gesichtspunkte (Ort, Zeit, Figuren) eines Textes oder Films weitgehend **sachlich informiert**. Die Inhaltsangabe beschränkt sich auf das Wesentliche, verzichtet also auf Einzelheiten und auf eine bildhafte, Spannung erzeugende Sprache.

Eine **Inhaltsangabe** kann man so **aufbauen**:

Einleitung
Hier werden Textart (Ballade, Kurzgeschichte ...), Autor, Titel und – soweit bekannt – Entstehungsjahr oder das Jahr der Veröffentlichung genannt. Ein knapper Handlungsüberblick, der auch einen Hinweis auf den Ausgang der Handlung einschließt, ergänzt die Einleitung.

Hauptteil
Der Text, zu dem eine Inhaltsangabe verfasst werden soll, muss vor Schreibbeginn gegliedert werden. An dieser Gliederung der Textvorlage orientiert man sich beim Schreiben des Hauptteils. Der Hauptteil informiert ausführlicher als zuvor über Ort, Zeitpunkt und die Personen des Geschehens sowie über die wichtigsten Handlungsschritte.

Schluss
Falls ein Schluss formuliert werden soll, enthält dieser Hinweise zur möglichen Aussageabsicht (Intention) der Textvorlage und leitet damit schon zur Deutung des Textes über. Es geht um die Fragen: Um welches Thema geht es im Text? Auf welches Problem verweist der Text?

Die **Sprache** der Inhaltsangabe entspricht insgesamt dem Ziel, den Leser oder Zuhörer zu informieren. Die wörtliche Rede wird indirekt wiedergegeben oder umschrieben. Es wird in der 3. Person und im Präsens (bei Vorzeitigkeit: Perfekt) informiert. Für eine besonders gelungene Inhaltsangabe ist es wichtig, die Teile der Handlung nicht einfach reihend („dann", „und dann" ...) wiederzugeben, sondern den zeitlichen und inhaltlichen Zusammenhang der einzelnen Handlungsschritte darzustellen („in diesem Zusammenhang", „außerdem", „schließlich" ...); dies gelingt vor allem durch die Verbindung von Haupt- und Nebensätzen („Sie geht zum Sport, nachdem ..."; „Er sieht dies anders, weil ...").

Der **Zusammenfassung** liegt ein Fachtext zugrunde, dessen Sachzusammenhang erklärt wird. Je nach Vorlage ist die Zusammenfassung ein teils darstellender, teils argumentativ-erklärender Text. Zusammengefasst wird im Präsens; Zitate sind möglich.

Zur Wiedergabe kann die Außenperspektive gewählt werden („Die Autorin meint"), aber auch die Innenperspektive ist möglich, bei der der Sachzusammenhang aus der Sicht des Verfassers erläutert wird. Für eine gute Zusammenfassung ist es wichtig, sich vom Wortlaut des Textes, der zusammengefasst werden soll, zu lösen oder mit anderen Worten: eine **analytische Distanz** zum Text zu gewinnen. Dazu denkt man zunächst über den gesamten Text nach und vergegenwärtigt sich den Inhalt, z. B. mit Fragen wie den folgenden:

- Welche Leseerwartung weckt die Überschrift? Welche Vermutungen ergeben sich ausgehend von der Überschrift zum Inhalt des Textes? Welches Vorwissen kann eingebracht werden?
- Nach einer gründlichen Lektüre sollte die Frage nach dem Thema des Textes beantwortet werden.
- Welche Intention verfolgt der Text? Geht es beispielsweise um die Klärung eines Sachverhaltes, wird argumentativ eine These aufgestellt, begründet und verteidigt oder geht es um ein Plädoyer, einen Appell oder Ähnliches?
- Wer ist der mögliche Adressat des Textes? An welchen Leserkreis wendet sich der Autor? Für wen könnte die Lektüre des Textes von Interesse sein?
- Eine letzte Fragestellung leitet dann direkt zum Schreiben der Zusammenfassung über: Wie ist der Text im Ganzen aufgebaut? An diese Frage schließen sich das Markieren im Text und die Notiz von Stichwörtern am Textrand an.

Auch wenn Zitate möglich sind, ist es wichtig, den Text nicht einfach zu paraphrasieren. Die Zusammenfassung darf also nicht in einer gekürzten Fassung der Textvorlage bestehen, die den Wortlaut übernimmt, sondern die zusammenfassende Wiedergabe des Verstandenen sollte mit möglichst eigenständigen Formulierungen erfolgen.

Bei dem Versuch, sich bei der Wiedergabe vom Wortlaut der Textvorlage zu lösen, stellen die so genannten **„verba dicendi"** eine entscheidende Hilfe dar. Sie dienen dazu, die Zusammenfassung eines Textes logisch zu strukturieren. Als Schreiber sollte man sie sich als Formulierungshilfen einprägen.

Im Folgenden sind die wichtigsten aufgezählt:

	Der Autor sagt, behauptet, erläutert, führt aus, belegt, meint, schränkt ein, folgert, hebt hervor …
	Seine besondere Aufmerksamkeit gilt …
außerdem	sei …
allerdings	sei …
vor allem	interessiert ihn …
	stellt er dar …
	hebt er hervor …
	gilt für ihn …
	betont er …
	ist er der Überzeugung …
dann	ist die Rede von …
andererseits	macht er deutlich …
im Übrigen	lässt er keinen Zweifel daran …
	beweist er …
	behauptet er …
dabei	beruft er sich auf …
allerdings	schränkt er das ein durch den Hinweis …
in diesem Zusammenhang	überlegt er, …
	fragt er sich, ob …
darüber hinaus	wirft er einen Blick auf …
	gibt er zu erkennen …
nebenbei	bezieht er sich auch auf …
schließlich	erklärt er …

5.6 Vortragen und Referieren

Eine Voraussetzung für ein gelungenes Referat, mit dem man eine Gruppe von Zuhörern informiert, ist die Fähigkeit, einen Text vor einem Publikum vorzulesen bzw. halbfrei vorzutragen. In vielen Situationen ist das gekonnte **Vortragen eines Textes** von Vorteil, z. B. als Vorlesen eines literarischen Textes, bei Veranstaltungen in einem öffentlichen Rahmen, in einem Verein oder im privaten Kreis.

Das laute Vortragen eines Textes vor einer Gruppe von Menschen erzeugt häufig Nervosität oder sogar Angst. Man kann diese Sprechsituation aber trainieren und gewinnt an Selbstvertrauen, wenn man sie besteht. Einige Tipps erleichtern die Routinebildung:

- Der vorzutragende Text wird zunächst mehrfach gelesen, sein Verständnis gesichert und dann mithilfe zweier Fragestellungen bearbeitet:
  – Welche Wörter und Wendungen sollten betont werden?
  – Wo empfehlen sich Pausen?
  Die Pausen können durch einen senkrechten Strich gekennzeichnet werden, die betonten Stellen durch Unterstreichen.
- Das Sprechen des Textes erfolgt deutlich und im Hinblick auf die zu erwartende Vortragssituation (Raumgröße, Zahl der Zuhörer) in entsprechender Lautstärke.
- Das deutliche und laute Lesen wird durch Betonungswechsel variiert. Darüber hinaus ist ein angemessenes Sprechtempo besonders wichtig: Die Pausen sollten bewusst eingehalten werden und das Lesetempo ist eher niedrig.
- Fühlt man sich ausreichend sicher und wohl, kann der Vortrag auch durch – sparsam eingesetzte – Mimik, Gestik und eine passende Körperhaltung gestützt werden.
- In der Vortragssituation beginnt man nicht sofort mit dem Lesen, sondern wartet die Aufmerksamkeit der Zuhörer ab. Während des Lesevortrages sollte man an geeigneten Stellen den Blickkontakt mit einzelnen Zuhörern herstellen. Nach dem lauten Lesen verlässt man den Platz vor dem Publikum nicht sofort.

Die Sicherheit, die man beim Vortragen eines Textes vor einem Publikum gewinnt, lässt sich für die Sprechsituation des Referierens gewinnbringend anwenden.

Durch ein **Referat** wird ein Thema erschlossen, schriftlich aufbereitet und mündlich präsentiert. Das Wort Referat leitet sich vom lateinischen „referre" ab und bedeutet „überbringen".

Das sachgemäße und zuhörerbezogene „Überbringen" eines Fachgegenstandes im Rahmen eines Referates verlangt eine gute Vorbereitung: Die Ausführungen sollen sachlich richtig sein und gleichzeitig den Bedürfnissen der Zuhörer gerecht werden. Die folgende Skizze veranschaulicht den erfolgreichen Weg zum Referat.

Recherche
- Kompetenz von Fachleuten
- Fachbücher, Fachzeitschriften
- (elektronische) Lexika
- Internet
- genaue, möglichst eingegrenzte Formulierung des Themas

Erarbeitung
- Überblick über das Material gewinnen, eine Auswahl treffen
- Gliederungsentwurf und Bearbeiten des Materials
- Ausformulieren und endgültige Gliederung erstellen
- Stichpunkte für den Vortrag notieren (nummerierte, unlinierte, weiße und einseitig beschriftete Karteikarten im DIN-A6-Format)

Vortrag
- Haltung wahren (frei stehen; Blickkontakt; sachlich bleiben)
- Sprache (laut und deutlich; keine Umgangssprache; abwechslungsreich betonen; bewusste und deutliche Pausen)
- Verständnishilfen (Gliederung bekannt geben und eventuell schriftlich fixieren; Konzentration auf das Wesentliche; Tafelbild, Abbildungen, Folien, Zusammenfassungen oder Plakat)
- eventuell eine lebendigere Gestaltung durch Arbeitsaufgaben für die Zuhörer oder Vorspiel eines Dialogs, einer Szene, eines Interviews o. Ä.

1. Literarische Texte und ihre Interpretation

1.1 Epik – „Nachts schlafen die Ratten doch"/Wolfgang Borchert, 1946

Mit dem Kriegsende im Mai 1945 standen viele Menschen in Deutschland vor einem Trümmerhaufen. Nicht allein die Städte lagen in Schutt und Asche; mit den Grausamkeiten und vielen Toten des Zweiten Weltkrieges (1939 – 1945) waren auch viele der bis dahin gültigen Wertvorstellungen, Überzeugungen und Hoffnungen zerbrochen. – Deswegen wollte eine Gruppe junger Schriftsteller einen radikalen Neubeginn: In ihren Augen sollte Literatur die Wirklichkeit ungeschönt und wahrhaftig wiedergeben. Der bis heute wohl beeindruckendste Vertreter dieser jungen Dichtergeneration ist Wolfgang Borchert (1921 – 1947). Seine Geschichten handeln, wie auch die anderer Autoren der Nachkriegszeit, vom Krieg und vom Leben in den Trümmern, von Männern, Frauen und Kindern, verletzt vom Krieg und auf der Suche nach einem Neuanfang. Seine bekannteste Kurzgeschichte findest du im Folgenden abgedruckt.

Wolfgang Borchert

Nachts schlafen die Ratten doch

Das hohle Fenster in der vereinsamten Mauer gähnte blaurot voll früher Abendsonne. Staubgewölke flimmerte zwischen den steilgereckten Schornsteinresten. Die Schuttwüste döste. Er hatte die Augen zu. Mit einmal wurde es noch dunkler. Er merkte, dass jemand gekommen war und nun vor ihm stand, dunkel, leise. Jetzt haben sie mich!, dachte er. Aber als er ein bisschen blinzelte, sah er nur zwei etwas ärmlich behoste Beine. Die standen ziemlich krumm vor ihm, dass er zwischen ihnen hindurchsehen konnte. Er riskierte ein kleines Geblinzel an den Hosenbeinen hoch und erkannte einen älteren Mann. Der hatte ein Messer und einen Korb in der Hand. Und etwas Erde an den Fingerspitzen.

Du schläfst hier wohl, was?, fragte der Mann und sah von oben auf das Haargestrüpp herunter. Jürgen blinzelte zwischen den Beinen des Mannes hindurch in die Sonne und sagte: Nein, ich schlafe nicht. Ich muss hier aufpassen. Der Mann nickte: So, dafür hast du wohl den großen Stock da?

Ja, antwortete Jürgen mutig und hielt den Stock fest.

Worauf passt du denn auf?

Das kann ich nicht sagen. Er hielt die Hände fest um den Stock.

Wohl auf Geld, was? Der Mann setzte den Korb ab und wischte das Messer an seinem Hosenboden hin und her.

Nein, auf Geld überhaupt nicht, sagte Jürgen verächtlich. Auf ganz etwas anderes.

Na, was denn?

Ich kann es nicht sagen. Was anderes eben.

Na, denn nicht. Dann sage ich dir natürlich auch nicht, was ich hier im Korb habe. Der Mann stieß mit dem Fuß an den Korb und klappte das Messer zu.

Pah, kann mir denken, was in dem Korb ist, meinte Jürgen geringschätzig, Kaninchenfutter.

Donnerwetter, ja!, sagte der Mann verwundert, bist ja ein fixer Kerl. Wie alt bist du denn?

Neun.

Oha, denk mal an, neun also. Dann weißt du ja auch, wie viel drei mal neun sind, wie?

Klar, sagte Jürgen, und um Zeit zu gewinnen, sagte er noch: Das ist ja ganz leicht. Und er sah durch die Beine des Mannes hindurch. Drei mal neun, nicht? fragte er noch einmal, siebenundzwanzig. Das wusste ich gleich.

Stimmt, sagte der Mann, und genau so viel Kaninchen habe ich.

Jürgen machte einen runden Mund: Siebenundzwanzig?

Du kannst sie sehen. Viele sind noch ganz jung. Willst du?

Ich kann doch nicht. Ich muss aufpassen, sagte Jürgen unsicher.

Immerzu?, fragte der Mann, nachts auch?

Nachts auch. Immerzu. Immer. Jürgen sah an den krummen Beinen hoch. Seit Sonnabend schon, flüsterte er.

Aber gehst du denn gar nicht nach Hause? Du musst doch essen.

Jürgen hob einen Stein hoch. Da lag ein halbes Brot. Und eine Blechschachtel.

Du rauchst?, fragte der Mann, hast du denn eine Pfeife?

Jürgen fasste seinen Stock fest an und sagte zaghaft: Ich drehe. Pfeife mag ich nicht.

Schade, der Mann bückte sich zu seinem Korb, die Kaninchen hättest du ruhig mal ansehen können. Vor allem die Jungen. Vielleicht hättest du dir eines ausgesucht. Aber du kannst hier ja nicht weg.

Nein, sagte Jürgen traurig, nein nein.

Der Mann nahm den Korb hoch und richtete sich auf. Na ja, wenn du hier bleiben musst – schade. Und er drehte sich um.

Wenn du mich nicht verrätst, sagte Jürgen da schnell, es ist wegen den Ratten.

Die krummen Beine kamen einen Schritt zurück: Wegen den Ratten?

Ja, die essen doch von Toten. Von Menschen. Da leben sie doch von.

Wer sagt das?

Unser Lehrer.

Und du passt nun auf die Ratten auf?, fragte der Mann.

Auf die doch nicht! Und dann sagte er ganz leise: Mein Bruder, der liegt nämlich da unten. Da. Jürgen zeigte mit dem Stock auf die zusammengesackten

Mauern. Unser Haus kriegte eine Bombe. Mit einmal war das Licht weg im Keller. Und er auch. Wir haben noch gerufen. Er war viel kleiner als ich. Erst vier. Er muss hier ja noch sein. Er ist doch viel kleiner als ich.

Der Mann sah von oben auf das Haargestrüpp. Aber dann sagte er plötzlich: Ja, hat euer Lehrer euch denn nicht gesagt, dass die Ratten nachts schlafen?

Nein, flüsterte Jürgen und sah mit einmal ganz müde aus, das hat er nicht gesagt.

Na, sagte der Mann, das ist aber ein Lehrer, wenn er das nicht mal weiß. Nachts schlafen die Ratten doch. Nachts kannst du ruhig nach Hause gehen. Nachts schlafen sie immer. Wenn es dunkel wird, schon.

Jürgen machte mit seinem Stock kleine Kuhlen in den Schutt.

Lauter kleine Betten sind das, dachte er, alles kleine Betten.

Da sagte der Mann (und seine krummen Beine waren ganz unruhig dabei): Weißt du was? Jetzt füttere ich schnell meine Kaninchen, und wenn es dunkel wird, hole ich dich ab. Vielleicht kann ich eins mitbringen. Ein kleines oder, was meinst du?

Jürgen machte kleine Kuhlen in den Schutt. Lauter kleine Kaninchen. Weiße, graue, weißgraue. Ich weiß nicht, sagte er leise und sah auf die krummen Beine, wenn sie wirklich nachts schlafen.

Der Mann stieg über die Mauerreste weg auf die Straße. Natürlich, sagte er von da, euer Lehrer soll einpacken, wenn er das nicht mal weiß.

Da stand Jürgen auf und fragte: Wenn ich eins kriegen kann? Ein weißes vielleicht?

Ich will mal versuchen, rief der Mann schon im Weggehen, aber du musst hier so lange warten. Ich gehe dann mit dir nach Hause, weißt du? Ich muss deinem Vater doch sagen, wie so ein Kaninchenstall gebaut wird. Denn das müsst ihr ja wissen.

Ja, rief Jürgen, ich warte. Ich muss ja noch aufpassen, bis es dunkel wird. Ich warte bestimmt. Und er rief: Wir haben auch noch Bretter zu Hause. Kistenbretter, rief er.

Aber das hörte der Mann schon nicht mehr. Er lief mit seinen krummen Beinen auf die Sonne zu. Die war schon rot vom Abend und Jürgen konnte sehen, wie sie durch die Beine hindurchschien, so krumm waren sie. Und der Korb schwenkte aufgeregt hin und her. Kaninchenfutter war da drin. Grünes Kaninchenfutter, das war etwas grau vom Schutt.

Lies den Text in Ruhe durch und schreibe, bevor du die folgenden Aufgaben bearbeitest, auf, was dir während und nach dem Lesen durch den Kopf gegangen ist: Welche Einfälle hattest du? Welche Fragen stellten sich dir? Welche Gefühle hat der Text in dir ausgelöst? – Du kannst deine ersten Leseeindrücke auch noch weiter vertiefen, indem du nach dem Lesen zunächst eine Art Fortsetzung der Kurzgeschichte schreibst: Der alte Mann kommt nach Hause und erzählt seiner Frau von seiner Begegnung.

1 In der Kurzgeschichte kommen nur zwei Personen vor: Während man über den alten Mann kaum etwas erfährt, werden die Lebensumstände des neunjährigen Jürgen genauer geschildert. – Beschreibe, in welcher Situation er sich befindet.

2 Auf die Ansprache des alten Mannes reagiert Jürgen zunächst abweisend. Zitiere eine Textstelle vom Beginn des Textes, die dieses Verhalten verdeutlicht.

„____

____" (Z. ____).

3 Als der alte Mann nicht nachlässt, das Gespräch mit Jürgen zu suchen, verändert sich dieser im Verlauf der Begegnung. – Beschreibe diese Veränderung mit Hinweisen aus dem Text.

4 Der Umschwung, der sich im Inneren des Jungen vollzieht, erklärt sich aus dem Verhalten des alten Mannes. Aber lügt dieser den Jungen nicht an, wenn er sagt, dass „die Ratten nachts schlafen" (Z. 67)? – Formuliere eine Meinung zu der Aussage des alten Mannes.

____

____

____

____

5 Kreuze an, inwieweit die folgende Aussage deiner Meinung nach zutrifft, und begründe anschließend deine Entscheidung: „Über die Beweggründe des alten Mannes für sein Verhalten gegenüber Jürgen erfährt der Leser nichts."

☐ trifft zu ☐ trifft eher nicht zu

☐ trifft ein wenig zu ☐ trifft nicht zu

____

____

____

____

6 Welche Aussagen zum Schauplatz der Geschichte sind zutreffend? – Kreuze an.

☐ Die Hinweise zum Ort des Geschehens bilden einen Rahmen für das Gespräch.

☐ Der Schauplatz wird mit sehr wenigen Zeilen beschrieben und spielt für das eigentliche Geschehen keine Rolle.

☐ Der Schauplatz wird mit sehr wenigen Zeilen beschrieben und trägt zur Atmosphäre, in der das Gespräch verläuft, bei.

7 Untersuche nun genauer, wie der Ort des Geschehens sprachlich gestaltet wird. Konzentriere dich dabei auf die Wortwahl (Nomen, Verben, Adjektive) und Formen der Bildsprache wie Metapher und Personifikation.

Der Ort des Geschehens:

Erzählanfang (Z. 1 – 3)

- „vereinsamte Mauer" (Personifikation)
- ______________________
- ______________________
- ______________________
- ______________________

Schluss (Z. 93 – 97)

- „der Korb schwenkte aufgeregt" (Personifikation)
- ______________________
- ______________________
- ______________________
- ______________________

8 Beschreibe die Wirkung der sprachlichen Mittel, die du in Aufgabe 7 herausgefunden hast, indem du die folgende Liste um einige Begriffe ergänzt.

Erzählanfang: *Zerstörung* ______________________

____

Schluss: *Aktivität* ______________________

____

9 Welche Beobachtung lässt sich machen, wenn man Anfang und Schluss der Kurzgeschichte vergleicht? – Entscheide dich für einen Vorschlag:

☐ Die Schilderung des Schauplatzes am Anfang und am Ende bildet einen atmosphärischen Rahmen für das Gespräch.

☐ Der Schauplatz wird so geschildert, dass er eine symbolische Bedeutung für die Beziehung der beiden Hauptfiguren gewinnt.

☐ Die Schilderung des Schauplatzes am Anfang und am Ende steht symbolisch für den Umschwung, der sich im Inneren des Jungen vollzieht.

10 Inwiefern dient der Titel der vorliegenden Kurzgeschichte als Verstehenshilfe? – Begründe kurz.

____

____

____

____

____

11 Wolfgang Borchert gestaltet seine Kurzgeschichte mit auffälligen Wörtern, die einerseits für Tod und Zerstörung stehen, andererseits aber auch die aufkeimende Hoffnung des Jungen symbolisieren. – Suche einige dieser Schlüsselwörter aus dem Text heraus und ordne sie in die passende Spalte der Tabelle ein.

Tod und Zerstörung	aufkeimende Hoffnung
▪ ______________	▪ (weißes) Kaninchen
▪ ______________	▪ ______________
▪ ______________	▪ ______________
▪ ______________	▪ ______________

12 Zur besonderen Wirkung eines Textes trägt auch der Satzbau bei. – Lies den Beginn der Kurzgeschichte und einen Teil des sich anschließenden Gesprächs einmal laut …
Entscheide dich nun für zwei der folgenden Aussagen, die sich auf den Satzbau beziehen, und kreuze an:

- ☐ Der Text ist durch eher lange Sätze, die als Haupt- und Nebensätze miteinander verschränkt sind, gekennzeichnet (hypotaktischer Satzbau).
- ☐ Die Sätze sind durchgängig grammatikalisch vollständig, enthalten also mindestens Subjekt und Prädikat.
- ☐ Die Sätze sind häufig unvollständig und stark verkürzt (Ellipsen).
- ☐ Die Sätze sind eher kurz und werden in der Regel aneinandergereiht (parataktischer Satzbau).

13 Welche Wirkung erzielt Wolfgang Borchert mit den in Aufgabe 12 erarbeiteten sprachlichen Merkmalen?

____

____

____

____

____

____

____

Mit den oben bearbeiteten Aufgaben hast du einzelne Merkmale der Kurzgeschichte von Wolfgang Borchert genauer erfasst, beschrieben und gedeutet. Der folgende Merkkasten verhilft dir dazu, diese Arbeitsschritte auch auf andere Erzähltexte anzuwenden:

Auf einen Blick

Eine Erzählung beschreiben und deuten

So, wie man ein Bild, eine Person oder einen Gegenstand beschreiben kann, so lässt sich auch ein Text beschreiben. Die genaue Beschreibung der einzelnen Besonderheiten und Merkmale eines Textes hilft dir, den Text besser zu verstehen und angemessen zu deuten.
Die folgende Übersicht macht dich auf einzelne Gesichtspunkte zur Untersuchung einer Erzählung aufmerksam, wobei du eine Auswahl treffen und auch von der hier vorgeschlagenen Reihenfolge abweichen kannst.

Figuren

- Welche Figuren kommen vor? Lassen sich Haupt- und Nebenfiguren unterscheiden?
- Wie sind ihre Lebensumstände (wo und wie leben sie)?
- Wie verhalten sie sich zueinander? Was sind mögliche Beweggründe für ihr Verhalten?
- Verändern sie sich im Verlauf der Handlung?

Raum und Zeit des Geschehens

- Beachte: Der „Raum“ meint alle Orte einer Erzählung, also z. B. ein Zimmer ebenso wie eine Landschaft.
- Welche Räume kommen vor? Wie ist die Atmosphäre?
- Hat die Atmosphäre eines Raumes vielleicht eine symbolische Bedeutung? Z. B. kann eine regenverhangene, düstere Landschaft etwas über das Befinden einer Figur aussagen.
- In welchen Zeiträumen oder zu welchem Zeitpunkt ereignet sich das Geschehen (Tageszeit, Jahreszeit; Vergangenheit, Gegenwart, Zukunft)? Weist diese Zeit Besonderheiten auf?

Sprache

- Lassen sich Auffälligkeiten hinsichtlich der Wortwahl beobachten, z. B. beim Einsatz von Verben oder Adjektiven? Welche Wirkung ist damit verbunden?
- Gibt es Besonderheiten in der bildlichen Sprache? Welche Rolle spielen die Bilder?
- Fallen verkürzte, unvollständige Sätze (Ellipsen) oder Umstellungen in der üblichen Wortfolge (Inversionen) auf? Welche Absicht könnte mit diesen grammatischen Veränderungen verbunden sein?
- Enthält der Text Schlüsselwörter oder -sätze, wichtige oder auffällige Gegenstände, die zur Deutung der Erzählung hilfreich sind?
- Wird durch den Satzbau in der Erzählung eine besondere Wirkung erzielt? Hinsichtlich des Satzbaus lassen sich Satzlänge, Satzart (Frage-, Aussage-, Aufforderungssatz) und die Satzverknüpfungen (parataktischer Satzbau durch unverbundene, nebengeordnete Sätze – hypotaktische Satzverknüpfungen durch untergeordnete Sätze/Satzgefüge) untersuchen.

Wenn du, zum Beispiel im Hinblick auf die gymnasiale Oberstufe, dein Wissen vertiefen möchtest, solltest du die Ergebnisse deiner Überlegungen zur Kurzgeschichte „Nachts schlafen die Ratten doch" in einem gut gegliederten **zusammenhängenden Text** darstellen. Um dieses Ziel geht es bei der Bearbeitung der folgenden Aufgaben. Auf Seite 99 findest du einen Merkkasten, der dich noch einmal über alle Anforderungen an einen Text informiert, mit dem du die von dir analysierten Einzelheiten in einen Zusammenhang bringst und deutest. Diesen Arbeitsschritt bezeichnet man auch als **Interpretation** eines Textes (von lateinisch „interpretatio" = Auslegung, Erklärung).

14 In der Einleitung eines Interpretationsaufsatzes solltest du der möglichst genauen Formulierung des Themas deine besondere Aufmerksamkeit widmen. Kreuze an, welche der folgenden Formulierungen das Thema der Kurzgeschichte „Nachts schlafen die Ratten doch" besonders genau erfasst.

- ☐ Der Text thematisiert die durch den Krieg bewirkte Verstörung eines Jungen.
- ☐ Der Text handelt von einem älteren Mann, der einem Jungen durch eine Notlüge hilft.
- ☐ Der Text schildert die Begegnung eines älteren Mannes mit einem Jungen, der in den Trümmern seines zerbombten Elternhauses sitzt.

15 Der unter 14 ermittelte Themensatz ist der wichtigste Teil einer Einleitung zu einem Interpretationsaufsatz.
In die Einleitung gehören, meistens in ein bis zwei Sätzen zusammengefasst, auch noch Hinweise auf Autor, Titel, Erscheinungsjahr, Textart (z. B. Kurzgeschichte) und geschichtlicher Hintergrund.
Gegebenenfalls kann die Einleitung noch um eine ganz knapp gefasste Wiedergabe des Inhalts ergänzt werden.
Vervollständige die Inhaltsangabe, indem du folgende Wörter einsetzt: Elternhauses, alten Mann, die Ratten, ein Kaninchen, von einem kleinen Jungen, Ratten gefressen, verschütteter Bruder, der alte Mann.

Der Text handelt ______________________, der in den Trümmern seines zerstörten ______________________ sitzt und darauf aufpasst, dass sein ______________________ nicht von ______________________ wird. Einem ______________________ gelingt es, ihn von seinem sinnlosen Tun abzuhalten, indem er behutsam auf den Jungen eingeht und versichert, dass ______________________ nachts schlafen würden. Am Schluss verlässt ______________________ den Jungen, um ______________________ zu holen, welches er ihm schenken will.

16 Schreibe nun die komplette Einleitung. Du kannst so beginnen:

Die Kurzgeschichte „Nachts schlafen die Ratten doch" von Wolfgang Borchert (1921–1947) entstand in der unmittelbaren Nachkriegszeit (1946). Wolfgang Borchert thematisiert in seinem Text …

17 Im Hauptteil eines Interpretationsaufsatzes werden Ergebnisse der Vorüberlegungen (vgl. Aufgaben 1 – 13) zu Untersuchungsaspekten zusammengefasst und gegliedert wiedergegeben. – Erstelle eine Gliederung für den Hauptteil eines Interpretationsaufsatzes zu „Nachts schlafen die Ratten doch“ mit vier Gliederungspunkten.

Vorüberlegungen	Untersuchungsaspekt (= Gliederung des Hauptteils in Abschnitte)
(Ergebnisse zu den Fragen 1 – 5)	*Figuren* ______________
(Ergebnisse zu den Fragen –)	______________
(Ergebnisse zu den Fragen –)	______________
(Ergebnisse zu den Fragen –)	*Kontext* (einige den Text charakterisierende Erzählmerkmale

18 Im Schlussteil formulierst du eine mögliche Aussageabsicht (Intention) des Textes. Dabei greifst du auf die Themenformulierung aus der Einleitung (vgl. Aufgabe 14) zurück. – Kreuze die Aussage an, die deiner Meinung nach die Intention der Kurzgeschichte am treffendsten erfasst.

- ☐ Das verstörte Verhalten des neunjährigen Jürgen soll den Leser möglicherweise darauf aufmerksam machen, dass auch Überlebende noch Opfer des Krieges sein können.
- ☐ W. Borchert vermittelt mit seinem Text die Zuversicht, dass sich trotz der offensichtlichen Folgen des Krieges, wie sie sich in der Verstörung des Jungen zeigen, die Hoffnung auf neues Leben durchsetzt. In diesem Sinne kann der letzte Satz der Kurzgeschichte symbolisch verstanden werden.
- ☐ Der Text macht deutlich, wie eine Notlüge eine Situation zum Besseren wenden kann. Der Mann hilft dem Jungen durch eine „therapeutische Lüge“.

19 Im Schlussteil eines Interpretationsaufsatzes solltest du auch eine eigene wertende Stellungnahme zum Text abgeben. Dazu kannst du z. B. auf deine ersten Leseeindrücke zurückgreifen (vgl. S. 92). – Auch eine „Leseempfehlung“ kann dir dazu verhelfen, eine eigene Meinung zum Text zu entwickeln: Kannst du deiner Freundin oder deinem Freund die Lektüre der Kurzgeschichte empfehlen? Ergänze jeweils:

Ja, denn ______________________________

____

Nein, denn ______________________________

____

Der folgende Merkkasten fasst abschließend noch einmal alle Merkmale eines Interpretationsaufsatzes zusammen, mit dem ein erzählender (epischer) Text beschrieben und gedeutet wird:

Auf einen Blick

Eine Erzählung in einem zusammenhängenden Text beschreiben und deuten

Einleitung

- Hinweise zu äußeren Textmerkmalen (Textart, z. B. Kurzgeschichte oder Romanausschnitt, Autor, Titel, Erscheinungsjahr, geschichtlicher Hintergrund oder Epochenzugehörigkeit)
- Formulierung des Themas, des Problems oder der Fragestellung des Textes
- Eventuell: eine ganz knappe Wiedergabe des Inhalts

Hauptteil

- Die Ergebnisse zu einzelnen Untersuchungsaspekten (z. B. Figuren, Raum und Zeit, Vergleich von Anfang und Schluss, Kontexte) werden gegliedert wiedergegeben.

Beachte dabei:

- Wichtige Aussagen werden mit Textstellen belegt.
- Die Ergebnisse zum Untersuchungsaspekt „Sprache" werden in die anderen Gliederungspunkte des Hauptteils eingefügt.
- Optimal ist es, wenn die einzelnen Abschnitte des Hauptteils durch gedankenverbindende Aussagen miteinander verknüpft werden („In diesem Zusammenhang ..."; „dazu passt auch ..."; „hieraus ergibt sich ..."; „die Ergebnisse bestätigen ...").

Eine Alternative zur hier vorgeschlagenen Aspektanalyse ist die Linearanalyse; bei der Linearanalyse wird ein Text in Sinnabschnitte gegliedert und dann vom Beginn zum Ende abschnittsweise bearbeitet.

Schluss

- Mit Bezug auf die Themenformulierung in der Einleitung wird eine mögliche Aussageabsicht der Erzählung formuliert. Dabei können auch Unterrichtsergebnisse einbezogen werden (z. B. ein Vergleich mit im Unterricht besprochenen Texten gleicher oder ähnlicher Thematik).
- Eine persönliche Stellungnahme kann sich darauf beziehen, was an der Erzählung gefällt bzw. nicht gefällt oder nachdenkenswert erscheint.

1.2 Dramatik – „Der gute Mensch von Sezuan"/ Bertolt Brecht, 1941

Das Parabelstück erzählt von drei Göttern, die auf die Erde kommen. Sie haben davon gehört, dass es auf der Erde unmöglich sei, für seinen Lebensunterhalt zu sorgen und gleichzeitig ein guter Mensch zu sein. Dies wollen die Götter nicht glauben und so suchen sie nach guten Menschen. Ihre Suche führt sie schließlich nach China in die Provinz Sezuan. Aber auch hier stoßen sie auf die Schlechtigkeit der Menschen, denn ihre Bitte um ein Nachtquartier wird überall abgewiesen. Lediglich die Prostituierte Shen Te ist bereit, die Götter zu beherbergen, und diese sind froh, wenigstens einen guten Menschen gefunden zu haben:

SHEN TE: Halt, Erleuchtete, ich bin gar nicht sicher, daß ich gut bin. Ich möchte es wohl sein, nur, wie soll ich meine Miete bezahlen? So will ich es euch denn gestehen: ich verkaufe mich, um leben zu können, aber selbst damit kann ich mich nicht durchbringen, da es so viele gibt, die dies tun müssen. Ich bin zu allem bereit, aber wer ist das nicht? Freilich würde ich glücklich sein, die Gebote halten zu können der Kindesliebe und der Wahrhaftigkeit. Nicht begehren meines Nächsten Haus, wäre mir eine Freude, und einem Mann anhängen in Treue, wäre mir angenehm. Auch ich möchte aus keinem meinen Nutzen ziehen und den Hilflosen nicht berauben. Aber wie soll ich dies alles? Selbst wenn ich einige Gebote nicht halte, kann ich kaum durchkommen.

Die Götter zahlen tausend Silberdollar für das Nachtquartier, damit es Shen Te in Zukunft leichter falle, ein guter Mensch zu sein. Shen Te eröffnet mit dem Geld einen Tabakladen, ihr geht es nun gut und bald wird sie von vielen Leuten um Hilfe angebettelt. Schnell muss Shen Te erkennen, dass ihre Einkünfte nicht reichen, um allen Bedürftigen zu helfen. Da sie selbst es nicht übers Herz bringt, Hilfe zu verweigern, „verwandelt" sie sich in ihren hartherzigen Vetter Shui Ta, der das Geschäft rücksichtslos und erfolgreich nach kapitalistischen Grundsätzen leitet. Die Menschen vermissen Shen Te und beschuldigen Shui Ta des Mordes an Shen Te. Unter dem Vorsitz der als Richter getarnten Götter kommt es zu einer Gerichtsverhandlung, in deren Verlauf der Angeklagte Shui Ta seine Maske ablegt und sich als Shen Te zeigt:

DER ZWEITE GOTT Shen Te!
SHEN TE Ja, ich bin es. Shui Ta und Shen Te, ich bin beides.
Euer einstiger Befehl
Gut zu sein und doch zu leben
Zerriß mich wie ein Blitz in zwei Hälften. Ich
Weiß nicht, wie es kam: gut sein zu andern
Und zu mir konnte ich nicht zugleich

Andern und mir zu helfen, war mir zu schwer.
Ach, eure Welt ist schwierig! Zu viel Not, zu viel
Verzweiflung!
Die Hand, die dem Elenden gereicht wird
Reißt er einem gleich aus! Wer den Verlorenen hilft
Ist selbst verloren! [...]
Etwas muß falsch sein an eurer Welt.

DER ERSTE GOTT *mit allen Zeichen des Entsetzens*: Sprich nicht weiter, Unglückliche!
Was sollen wir denken, die so froh sind, dich wiedergefunden zu haben!

SHEN TE Aber ich muß euch doch sagen, daß ich der böse Mensch bin, von dem alle hier diese Untaten berichtet haben.

DER ERSTE GOTT Der gute Mensch, von dem alle nur Gutes berichtet haben!

SHEN TE Nein, auch der böse!

DER ERSTE GOTT Ein Mißverständnis! Einige unglückliche Vorkommnisse! Ein paar Nachbarn ohne Herz! Etwas Übereifer! [...]

DER ZWEITE GOTT Aber hast du nicht gehört, was sie sagt?

DER ERSTE GOTT *heftig*: Verwirrtes, sehr Verwirrtes! Unglaubliches, sehr Unglaubliches! Sollen wir eingestehen, daß unsere Gebote tödlich sind? Sollen wir verzichten auf unsere Gebote? *Verbissen*: Niemals! Soll die Welt geändert werden? Wie? Von wem? Nein, es ist alles in Ordnung! *Er schlägt schnell mit dem Hammer auf den Tisch.*
Und nun –
Auf ein Zeichen von ihm ertönt Musik. Eine rosige Helle entsteht.

Laßt uns zurückkehren. Diese kleine Welt
Hat uns sehr gefesselt. Ihr Freud und Leid
Hat uns erquickt und uns geschmerzt. Jedoch
Gedenken wir dort über den Gestirnen
Deiner, Shen Te, des guten Menschen, gern
Die du von unserm Geist hier unten zeugst
In kalter Finsternis die kleine Lampe trägst.
Leb wohl, mach's gut!

Auf ein Zeichen von ihm öffnet sich die Decke. Eine rosa Wolke lässt sich hernieder. Auf ihr fahren die Götter sehr langsam nach oben.

SHEN TE Oh, nicht doch, Erleuchtete! Fahrt nicht weg! Verlaßt mich nicht! [...]

SHEN TE Hilfe!

DIE GÖTTER
Und lasset, da die Suche nun vorbei
Uns fahren schnell hinan!
Gepriesen sei, gepriesen sei
Der gute Mensch von Sezuan!

Während Shen Te verzweifelt die Arme nach ihnen ausbreitet, verschwinden sie oben, lächelnd und winkend.

1 Das Gespräch bildet den Schluss des Stückes und findet im Rahmen der Gerichtsverhandlung statt, in deren Verlauf Shen Te ihre Doppelrolle enttarnt. – Wer ist am Gespräch beteiligt?

- ☐ Shui Ta
- ☐ Shen Te
- ☐ Der erste Gott
- ☐ Der zweite Gott
- ☐ Der dritte Gott

2 Der Dialog greift das Thema des Dramas abschließend auf. – Lies noch einmal die Inhaltsangabe (S. 100) und die Szenenausschnitte und entscheide dich dann für die passende Themenformulierung:

- ☐ Im Dialog geht es um das Verhältnis des Menschen zu Religion und Kirche (hier vertreten durch die drei Götter).
- ☐ Der Dialog thematisiert die sozialen Verhältnisse, in denen der Mensch lebt.
- ☐ Im Dialog wird die Frage nach dem moralisch richtigen Verhalten des Menschen angesichts der sozialen Zustände auf der Welt thematisiert.

3 Füge ein passendes Zitat als Textbeleg ein:

Shen Te muss einerseits für den eigenen Lebensunterhalt sorgen, andererseits will sie dabei moralisch gut handeln.

*Der Vergleich „*____

____“ (Z. ____)

unterstreicht die Zerrissenheit Shen Tes.

4 Versuche die Wirkung der sprachlichen Mittel (Ausrufe, kurze Sätze) zu erfassen, indem du ergänzt:

Ausrufewörter wie „oh“ (Z. 52), und „Hilfe!“ (Z. 53) sowie kurze Ausrufesätze (vgl. Z. 31 und 52) verdeutlichen, dass Shen Te

____

____.

5 Wie kann der folgende Satz zu Ende geführt werden?

Die Götter reagieren „mit allen Zeichen des Entsetzens“ (Z. 25) auf Shen Tes Enttarnung, weil

____

____

____

6 Die Götter müssen einsehen, dass ihre Suche nach einem guten Menschen gescheitert ist. Welcher Gesprächsbeitrag verdeutlicht diese Feststellung? Gib die Zeilen an:
Z. ☐ bis Z. ☐

7 Die Götter beschönigen durch ihr Urteil (Z. ☐: „... es ist alles in Ordnung!") sowie durch ihren feierlichen Abgang und Gesang (vgl. Z. ☐ – Z. ☐) ihr Scheitern. – Erkläre auf diesem Hintergrund die Metapher „In kalter Finsternis die kleine Lampe trägst." (Z. ☐):

____

____.

8 Du hast dich bisher mit Shen Te (Aufgaben 3 und 4) und den Göttern (Aufgaben 5 bis 7) beschäftigt. Versuche nun abschließend, die Beziehung der Gesprächspartner zueinander zu charakterisieren. – Welche der vier Skizzen charakterisiert deiner Meinung nach die Beziehung der Gesprächspartner zueinander am besten?

☐ Shen Te ⟶ ⟵ Die Götter

☐ Shen Te ↘ Die Götter

☐ Shen Te ↗ Die Götter

☐ Shen Te ⟵ ⟶ Die Götter

Du hast mit den Lösungen zu den Aufgaben 1 bis 8 einzelne Merkmale des Dramenauszugs von Bertolt Brecht genauer beschrieben und gedeutet. – Der folgende Merkkasten verhilft dir dazu, auch andere Dramentexte zu bearbeiten:

Auf einen Blick

Einen Dramentext beschreiben und deuten

Bei der Analyse eines Dramentextes kommt es darauf an, den Verlauf und die Inhalte eines Gesprächs genau zu beschreiben und zu deuten. – Folgende Fragen können dir dabei helfen:

- Wo, wann und aus welchem Anlass findet das Gespräch statt?
- Wer ist beteiligt?
- Worüber wird gesprochen und was ist Thema des Gesprächs?
- Wie ist die Szene aufgebaut? Fallen z. B. Störungen, Unterbrechungen, Höhe- oder Wendepunkte auf?
- Welche Gesprächsziele und Absichten (Intentionen) verfolgen die Gesprächspartner?
- Wird das Gespräch von einem der Gesprächspartner dominiert oder verläuft es eher gleichberechtigt?
- Wie lässt sich die Beziehung der Gesprächspartner charakterisieren? Verändert sich diese Beziehung im Verlauf des Gesprächs?
- Welche sprachlichen Besonderheiten (z. B. rhetorische Figuren) fallen auf? Welche Wirkung ist damit verbunden?
- Welche Bedeutung haben die Regieanweisungen?
- Welche Bedeutung hat das Gespräch für den Verlauf der Handlung und für die Thematik des gesamten Dramas?

Die Analyse einer Dramenszene wird dadurch vertieft, dass du deine Untersuchungsergebnisse in einem **zusammenhängenden Text** darstellst. – Die folgenden Aufgaben bereiten dich darauf vor. Im Anschluss an deren Bearbeitung findest du einen Merkkasten (vgl. S. 107), der dich im Überblick über alle Anforderungen an einen solchen zusammenhängenden Text informiert. Diesen Arbeitsschritt nennt man auch Interpretation eine Textes (von lateinisch „interpretatio" = Auslegung, Erklärung).

9 Informiere dich mithilfe des Merkkastens auf Seite 99 über die Einleitung eines Interpretationsaufsatzes. – Entscheide nun, welche der beiden Einleitungen die gelungenere ist.

- ☐ Der vorliegende Text ist dem Drama „Der gute Mensch von Sezuan" (1941) von Bertolt Brecht entnommen. Der Text bildet das Ende des Dramas. Im Rahmen einer Gerichtsverhandlung unterhält sich die Hauptfigur Shen Te mit drei Göttern.
- ☐ Der vorliegende Szenenausschnitt ist dem Drama „Der gute Mensch von Sezuan" von Bertolt Brecht (1898 – 1956) entnommen. Brecht schloss die mehrjährigen Vorarbeiten zu dem Parabelstück 1941 ab, uraufgeführt wurde es 1943 in Zürich.
  Der Textauszug bildet das Ende des Dramas. Der Dialog zwischen der Hauptfigur Shen Te und drei Göttern findet im Rahmen einer Gerichtsverhandlung statt und thematisiert das moralisch richtige Verhalten eines Menschen angesichts der ihn bedrängenden sozialen Zustände.

10 Im Hauptteil eines Interpretationsaufsatzes werden die Ergebnisse der Vorüberlegungen (vgl. z. B. die Aufgaben 3 – 8) zusammengefasst und gegliedert wiedergegeben. Ein möglicher Gliederungspunkt des Hauptteils wäre z. B. „Die Situation Shen Tes". – Füge die Ergebnisse zu den Aufgaben 3 und 4, die sich auf die Situation Shen Tes beziehen, zu einem zusammenhängenden kurzen Text zusammen.

11 Im Schlussteil eines Interpretationsaufsatzes charakterisierst du auch die Art des von dir untersuchten Gesprächs. – Wähle eine der folgenden Möglichkeiten aus und begründe kurz:
Die Art des untersuchten Gesprächs lässt sich am ehesten charakterisieren als

- ☐ zwanglose Unterhaltung
- ☐ förmliche Besprechung
- ☐ ein Gespräch ohne wirkliche Verständigung
- ☐ engagierte Diskussion
- ☐ Belehrung und Unterweisung

Die Charakterisierung des Gesprächs als ______________________________
scheint mir besonders zutreffend, weil

____

____

12 Neben der Art des Gesprächs enthält der Schluss einer Interpretation auch Hinweise auf die Bedeutung des Dialogs für die gesamte Handlung. – Kreuze an, inwieweit die folgende Aussage zur Bedeutung des Dialogs auf das gesamte Drama zutrifft.

Der Szenenausschnitt bildet einen Höhepunkt der Auseinandersetzung zwischen Shen Te und den Göttern und beinhaltet die Lösung des Konflikts.

☐ trifft zu ☐ trifft eher nicht zu

☐ trifft überwiegend zu ☐ trifft nicht zu

13 Auch die Bedeutung des Gesprächs für das Thema des Dramas wird im Schlussteil gekennzeichnet. Hierzu solltest du an die Themenformulierung aus dem Einleitungsteil anknüpfen. – Welche Formulierung erfasst die Bedeutung des untersuchten Dialogs für das Thema des Dramas am treffendsten?

☐ Der Dialog macht deutlich, dass die Religion (hier vertreten durch die drei Götter) dem Menschen bei der Bewältigung seiner Probleme nicht weiterhilft.

☐ Im Textauszug werden die sozialen Verhältnisse, in denen der Mensch leben muss, als ungerecht kritisiert.

☐ Im Dialog wird deutlich, dass die ungerechten sozialen Verhältnisse den Menschen daran hindern, moralisch und gut zu handeln.

Der folgende Merkkasten fasst abschließend noch einmal alle Merkmale eines Interpretationsaufsatzes zusammen, mit dem eine Dramenszene beschrieben und gedeutet werden kann:

Auf einen Blick

Eine Dramenszene in einem zusammenhängenden Text beschreiben und deuten

Einleitung

- Hinweise zu äußeren Textmerkmalen des gesamten Dramas (Autor, Titel, Entstehungszeit/Erscheinungsjahr/Jahr der Uraufführung, geschichtlicher Hintergrund/Epochenzugehörigkeit)
- Hinweise zur Szene bzw. zum Szenenausschnitt (Einbettung in den Gesamtzusammenhang, Anlass und Thema des Dialogs, Gesprächspartner)

Hauptteil

- Inhalt und Gliederung des Gesprächs (Worum geht es in der Szene bzw. im Szenenausschnitt? Lässt sich der Gesprächsverlauf gliedern, fallen z. B. Störungen, Unterbrechungen, Höhe- oder Wendepunkte auf?)
- Gesprächssituation und Ziele (Welche Gefühle und Charaktereigenschaften der Gesprächspartner kommen zum Ausdruck? Welche Ziele oder Absichten verfolgen sie? Wie gehen sie bei der Verwirklichung ihrer Ziele vor?)
- Beziehung der Gesprächspartner (Wer führt/dominiert das Gespräch? Wie ist das Verhältnis der Gesprächspartner zueinander? Verändert sich diese Beziehung im Verlauf des Gesprächs?)
- Sprechweise der Dialogpartner (Welcher Sprache bedienen sich die Gesprächspartner? Hierzu kannst du Auffälligkeiten im Satzbau, Ausdruck, bei der Verwendung rhetorischer Figuren oder die Häufung bestimmter Satzschlusszeichen untersuchen.)
- Wirkung auf den Zuschauer (Welche Atmosphäre geht von dem Gespräch aus?)

Schluss

- Art des Gesprächs (z. B. Belehrung, Streitgespräch, Diskussion, zwanglose Unterhaltung, förmliche Besprechung)
- Bedeutung des Gesprächs für die gesamte Handlung (z. B. das Gespräch als Wendepunkt, als Weiterentwicklung einer Figur oder als Aufbau, Höhepunkt bzw. Lösung eines Konflikts)
- Bedeutung des Gesprächs für das Thema des Dramas
- persönliche Wertung

Beachte:

- Beobachtungen zur Sprechweise der Dialogpartner sollten nicht als eigener Gliederungspunkt behandelt, sondern an andere Punkte angebunden werden (vgl. z. B. die Lösung zu Aufgabe 10).
- Unter Umständen ist es hilfreich, auch die Regieanweisungen in die Analyse einzubeziehen.
- Verleihe deinem Text durch Absätze auch äußerlich einen klar erkennbaren Aufbau.
- Füge Zitate als Belege für deine Deutungen in den eigenen Satzbau ein (vgl. z. B. die Aufgaben 3 und 4).
- Kennzeichne Vermutungen mit „eventuell", „möglicherweise", „vielleicht" usw.
- Neben der hier für den Hauptteil vorgeschlagenen Aspektanalyse kann ein Text auch mithilfe einer Linearanalyse bearbeitet werden; dazu wird der zu analysierende Text zunächst in Sinnabschnitte gegliedert und dann vom Beginn zum Ende abschnittsweise untersucht.

1.3 Lyrik – „Die Entwicklung der Menschheit"/ Erich Kästner, 1932

1918 war der Erste Weltkrieg (1914 – 1918) beendet, Kaiser Wilhelm II. ging ins Exil in die Niederlande und im Februar 1919 tagte die Nationalversammlung in Weimar, um der neuen Republik eine demokratische Verfassung zu geben. Von Anfang an hatte die „Weimarer Republik" mit großen Schwierigkeiten zu kämpfen und erst mit dem Wirtschaftsaufschwung 1924 folgten bis 1929 ruhigere Jahre, die so genannten „Goldenen Zwanziger". Die Wissenschaften blühten auf, jeder dritte zwischen 1919 und 1927 vergebene wissenschaftliche Nobelpreis wurde deutschen Forschern verliehen. In Erinnerung geblieben sind diese Jahre auch durch den „Bauhausstil", der mit seiner sachlich-funktionalen Architektur bis in die Gegenwart hinein nachgeahmt wird. In der Literatur entsprach die „Neue Sachlichkeit" einer neu entdeckten Einfachheit. Auch scheinbar unbedeutende Dinge und Ereignisse sollten realistisch und so allgemeinverständlich dargestellt werden, dass sich möglichst viele Leser von der entsprechenden Literatur angesprochen fühlten: Die „Gebrauchsliteratur" war geboren und selbst in der Lyrik kehrte ein sachlich-distanzierter Ton ein, den Erich Kästner (1899 – 1974), der später auch durch seine Kinderbücher berühmt wurde, meisterhaft beherrschte. In kurzer Folge erschienen drei seiner bekanntesten Gedichtbände für Erwachsene, deren letztem („Gesang zwischen den Stühlen", 1932) das folgende Gedicht entnommen ist.

Lies das Gedicht in Ruhe, vielleicht auch mehrmals, durch und notiere, bevor du die Aufgaben bearbeitest, deine ersten Leseeindrücke: Welche Einfälle hattest du? Welche Gefühle hat der Text in dir ausgelöst? Was erscheint dir bemerkens- oder nachdenkenswert?

Erich Kästner

Die Entwicklung der Menschheit

Einst haben die Kerls auf den Bäumen gehockt,
behaart und mit böser Visage[1].
Dann hat man sie aus dem Urwald gelockt
und die Welt asphaltiert und aufgestockt,
bis zur dreißigsten Etage.

Da saßen sie nun, den Flöhen entflohn,
in zentralgeheizten Räumen.
Da sitzen sie nun am Telefon.

---

[1] Visage: französisch = Gesicht; hier abwertend gemeint

Und es herrscht noch genau derselbe Ton
wie seinerzeit auf den Bäumen.

Sie hören weit. Sie sehen fern.
Sie sind mit dem Weltall in Fühlung.
Sie putzen die Zähne. Sie atmen modern.
Die Erde ist ein gebildeter Stern
mit sehr viel Wasserspülung.

Sie schießen die Briefschaften durch ein Rohr[1].
Sie jagen und züchten Mikroben[2].
Sie versehn die Natur mit allem Komfort.
Sie fliegen steil in den Himmel empor
und bleiben zwei Wochen oben.

Was ihre Verdauung übrig lässt,
das verarbeiten sie zu Watte.
Sie spalten Atome. Sie heilen Inzest.
Und sie stellen durch Stiluntersuchungen fest[3],
dass Cäsar Plattfüße hatte.

So haben sie mit dem Kopf und dem Mund
den Fortschritt der Menschheit geschaffen.
Doch davon mal abgesehen und
bei Lichte betrachtet sind sie im Grund
noch immer die alten Affen.

1 Im Gedicht geht es thematisch offensichtlich um die Menschen. – Wie lässt sich diese allgemeine thematische Aussage genauer formulieren? Entscheide dich und kreuze an:

- ☐ Erich Kästner thematisiert in seinem Gedicht die Entwicklung der Menschheit.
- ☐ Der Text beschreibt die biologische und technische Entwicklung der Menschen.
- ☐ Erich Kästner wirft mit seinem Text die Frage auf, welche Auswirkungen der technische Fortschritt auf die moralische Entwicklung der Menschen hat.

2 Um den Inhalt eines Gedichtes genauer zu erfassen, ist es oft sehr hilfreich, zunächst nur den Titel, den Anfang und den Schluss des Textes zu betrachten. – Versuche dies einmal mit dem dir vorliegenden Gedicht und beantworte unter Beachtung der Themenformulierung aus Aufgabe 1: Haben die Überschrift, die ersten beiden und die letzten beiden Verse eine besondere Bedeutung?

---

[1] Gemeint ist die Rohrpost; das ist eine aus einem verzweigten Rohrleitungssystem bestehende, mit Druckluft arbeitende Förderanlage. Die erste Rohrpostanlage wurde 1853 in London gebaut.

[2] Mikroben: gleichbedeutend mit Mikroorganismen; hier sind wohl Bakterien gemeint.

[3] ironisch für die (übertriebene) Untersuchung des Schreibstils des Kaisers und Autors Cäsar

3 Die Beantwortung der Aufgabe 2 hat die Aussageabsicht (Intention), die Erich Kästner möglicherweise hatte, zutage gebracht. – Welches sind Kernstellen im Gedicht, die diese Aussageabsicht stützen? Wähle dazu zwei der folgenden Zitate aus.

- ☐ „Dann hat man sie aus dem Urwald gelockt/und die Welt asphaltiert und aufgestockt" (V. 3f.)
- ☐ „Und es herrscht noch genau derselbe Ton/wie seinerzeit auf den Bäumen." (V. 9f.)
- ☐ „So haben sie mit dem Kopf und dem Mund/den Fortschritt der Menschheit geschaffen." (V. 26f.)
- ☐ „… bei Lichte betrachtet sind sie im Grund/noch immer die alten Affen." (V. 29f.)

4 Der Inhalt eines Gedichts kann nun dadurch genauer geklärt werden, dass jede einzelne Strophe in den Blick genommen wird. – Lies dazu das Gedicht noch einmal Strophe für Strophe und überlege: Gibt es im Gedicht eine Entwicklung? Verändert sich etwas von Strophe zu Strophe? Ergänze die folgenden Satzanfänge.

Vergleicht man die erste Strophe mit der zweiten …, ______________________

____

____

Die Strophen drei, vier und fünf … ______________________

____

____

Im Vergleich zu den Strophen drei, vier und fünf geht es in der sechsten Strophe …

____

____

____

Gedichte haben, z. B. durch die Verwendung des Reims oder besonders vieler rhetorischer Figuren, eine auffällige sprachliche Form. Deshalb kommt es bei der Beschreibung und Deutung eines Gedichtes auch darauf an, die Besonderheiten der sprachlichen Form zu erkennen und in ihrer Wirkung für die Aussage des Gedichts zu erfassen. Darum geht es in den folgenden Aufgaben fünf bis sieben. Im Anschluss findest du dann einen Merkkasten, der dich über die wichtigsten Arbeitsschritte für die Bearbeitung eines Gedichts informiert.

5 Die folgende Liste führt einige der von Erich Kästner verwendeten rhetorischen Figuren auf. – Ordne die Belegstellen (Zeilenangaben) passend zu:

V. 13	Metapher
V. 14	Anapher
V. 11–13	Parallelismus
V. 16–19	
V. 23	

6 Erkläre die beiden folgenden Metaphern. Berücksichtige dabei die Aussage des Gedichts.

„Die Erde ist ein gebildeter Stern" (V. 14) ______________________

____

____

Die Menschen sind „noch immer die alten Affen". (V. 30) ______________

____

____

7 Eine weitere sprachliche Besonderheit dieses Gedichts ist die Verwendung des so genannten Zeilenstils, bei dem Versende und Satzaussage übereinstimmen. – Lies die Strophen drei und vier laut und bestimme dann die Wirkung dieser sprachlichen Besonderheit:

- ☐ In den Strophen drei und vier kombiniert der Autor den Zeilenstil mit Parallelismen, Anaphern und mit einer Verknappung der Sätze (vgl. V. 11, 13). Dadurch beschleunigt sich das Lesetempo und der technische Fortschritt der Menschheit wirkt besonders rasant.
- ☐ Besonders in den Strophen drei und vier fällt der Zeilenstil auf. Der Leser gewinnt dadurch Zeit, über den technischen Fortschritt nachzudenken.
- ☐ Der in den Strophen drei und vier bevorzugte Zeilenstil verdeutlicht die Vielzahl der technischen Erfindungen der Menschheit.

Auf einen Blick

Ein Gedicht beschreiben und deuten

Die inhaltliche Aussage wird bei einem Gedicht durch die sprachliche Form in besonders auffälliger Weise verstärkt. Deshalb kommt es bei der Beschreibung und Deutung eines Gedichts noch mehr als bei einem epischen oder dramatischen Text darauf an, die Besonderheiten der sprachlichen Form zu erkennen und in ihrer Wirkung für die Aussage des Gedichts zu erklären. – Wenn du dir zunächst Klarheit über die inhaltliche Aussage verschaffen willst, kannst du so vorgehen:

- Lies den Text mehrfach und benenne dann sein Thema; z. B. die Schönheit oder Bedrohung der Natur, die Erfüllung in der Liebe oder die moralische Entwicklung der Menschheit.
- Was wird in den einzelnen Strophen zum Thema gesagt?
- Gibt es eine Entwicklung im Gedicht? Verändert sich etwas von Strophe zu Strophe?
- Haben Titel, Anfang und Ende eine besondere Bedeutung?
- Fallen Schlüsselwörter auf oder gibt es Kernstellen?
- In welcher Situation befindet sich der Sprecher im Gedicht, das so genannte lyrische Ich?

Die Besonderheiten der sprachlichen Form lassen sich so ermitteln:

- Sind die Strophen gleich gebaut oder lassen sich bei einer oder mehreren Unregelmäßigkeiten beobachten? Hat dies möglicherweise einen Bezug zum Inhalt des Gedichts?
- Lassen sich bei der Gestaltung einzelner Verse Auffälligkeiten beobachten, wie z. B. Unterschiede in der Länge, Einrückungen oder Alleinstellungen? Wird der Sprechfluss einzelner Verse durch Zäsuren (z. B. Gedankenstriche), Auslassungszeichen [...] oder Häufung bestimmter Satzzeichen gesteuert? Wird durch diese Mittel eine inhaltliche Besonderheit des Gedichts hervorgehoben?
- Gibt es einen Zusammenhang zwischen den Gestaltungsmitteln Reim und Metrum und der Aussage des Gedichts? Machen Abweichungen von einem Reimschema oder die Durchbrechung eines ansonsten durchgängig gewählten Metrums auf eine besonders wichtige Stelle im Gedicht aufmerksam?
- Fallen bei der Wortwahl ungewöhnliche Verben, ausdrucksstarke Nomen oder besondere Adjektive auf? Trägt die Wortwahl so zur Wirkung des Gedichts bei?
- Welche rhetorischen Figuren (z. B. Metapher, Vergleich, Wiederholung, Ellipse, Parallelismus ....) lassen sich ermitteln? Wie kann man ihre Wirkung für die Aussage des Gedichts erklären?

Die folgenden Aufgaben bereiten dich darauf vor, die von dir angestellten Überlegungen zum Gedicht Erich Kästners in einem **gut gegliederten, zusammenhängenden Text** zusammenzufassen. Eine Übersicht über alle Anforderungen an einen Interpretationsaufsatz, mit dem du ein Gedicht beschreibst und deutest, findest du dann abschließend auf Seite 115.

8 Eine Einleitung zu einem Interpretationsaufsatz informiert unter anderem über Autor, Titel, Erscheinungsjahr und Thema des Gedichts. – Ergänze entsprechend:

Das Gedicht „Die … ______________________________

____

____

9 Die Einleitung zu einem Interpretationsaufsatz kann zusätzlich

- einen ersten Leseeindruck vermitteln,
- eine knappe Wiedergabe des Inhalts enthalten (was sich allerdings nur bei längeren Texten empfiehlt) und
- die Form des Gedichts beschreiben.

Verfasse zur Form des Gedichts „Die Entwicklung der Menschheit" einen knappen Text, der Angaben zum Strophenbau und Reimschema macht.

Das Gedicht besteht ______________________________

____

____

10 Im Hauptteil eines Interpretationsaufsatzes wird das Gedicht nun strophenweise beschrieben. – Bei einem längeren Gedicht wird dieses vor der Beschreibung in Abschnitte, die aus einer oder mehreren Strophen bestehen können, gegliedert. Welche der folgenden Einteilungen in Sinnabschnitte scheint dir für das Kästnergedicht hilfreich? Begründe anschließend kurz.

☐ Sinnabschnitte bilden
die Strophen eins und zwei;
die Strophen drei, vier und fünf;
die Strophe sechs.

☐ Sinnabschnitte bilden
die Strophe eins;
die Strophe zwei;
die Strophen drei, vier und fünf;
die Strophe sechs.

☐ Sinnabschnitte bilden
die Strophen eins und zwei;
die Strophen drei und vier;
die Strophen fünf und sechs.

Die Strophen lassen sich in ________ Sinnabschnitte gruppieren. In ___________

____

____

____

11 Nachdem im Hauptteil die einzelnen Strophen bzw. die zu Sinnabschnitten gruppierten Strophen beschrieben und gedeutet wurden, erfolgt im Schlussteil eines Interpretationsaufsatzes unter anderem eine persönliche Wertung des Gedichts. Welche der nachfolgenden Schreibanregungen möchtest du für deine persönliche Wertung aufgreifen?

- ☐ Ich greife meine ersten Leseeindrücke auf und vergleiche sie mit meinem abschließenden Eindruck vom Gedicht.
- ☐ Ich stimme dem Autor durch ein aktuelles Beispiel zu.
- ☐ Ich stelle die von mir ermittelte Aussageabsicht des Textes durch weiterführende Gedanken oder ein Beispiel infrage.
- ☐ Ich wähle eine Textstelle und kommentiere sie.
- ☐ Ich begründe, was mir an dem Gedicht gefällt bzw. nicht gefällt.
- ☐ Ich erläutere, was mir an dem Gedicht nachdenkenswert erscheint.

Formuliere nun eine persönliche Wertung zum Gedicht „Die Entwicklung der Menschheit" von Erich Kästner.

Auf einen Blick

Ein Gedicht in einem zusammenhängenden Text beschreiben und deuten

Einleitung

- Hinweise zu äußeren Textmerkmalen (Autor, Titel, Entstehungszeit/Erscheinungsjahr, Gedichttyp, geschichtlicher Hintergrund/Epochenzugehörigkeit)
- Formulierung des Themas
- eventuell eine Wiedergabe der ersten Leseeindrücke
- bei längeren Gedichten, z. B. Balladen, eventuell eine knappe Zusammenfassung des Inhalts
- eventuell Hinweise zur Form (Strophenzahl und -aufbau) und zur Klangebene (Reimschema, Reimformen, Metrum)

Hauptteil

- Beschreibung des Gedichtaufbaus nach inhaltlichen Gesichtspunkten (Welche Strophen kann man zu Sinneinheiten zusammenfassen? – Dieser Arbeitsschritt entfällt, wenn es dir sinnvoll erscheint, jede Strophe einzeln zu beschreiben und zu deuten.)
- genaue Beschreibung und Deutung der Sinneinheiten bzw. Einzelstrophen

  Beachte dabei:
- Aussagen zu Besonderheiten der sprachlichen Form werden eingefügt und nicht an das Ende des Hauptteils gehängt.
- Besonders gelungen wirken Hinweise zum Zusammenhang der einzelnen Sinneinheiten bzw. Einzelstrophen („anders als in der ersten Strophe"; „im Vergleich zur letzten Strophe …"; „im Gegensatz zur folgenden Strophe …"). Auf diese Weise werden reihende Formulierungen vermieden („In der ersten Strophe geht es …, in der zweiten Strophe geht es …, in der dritten Strophe geht es …").
- Aussagen zum Inhalt und zur sprachlichen Form werden durch Zitate aus dem Gedicht gestützt.
- Es folgen Hinweise zu den Hintergründen des Textes (Kontextuierung):

  Weißt du etwas über die Zeit, in der das Gedicht entstanden ist? Ist dieses Wissen hilfreich, um den Text genauer zu verstehen? – Liegen dir Angaben zum Autor vor? Trägt das Wissen über die Biografie des Autors zum Verständnis des Textes bei?

Schluss

- Hinweise zur möglichen Aussageabsicht (Intention) des Textes mit Rückbezug auf das in der Einleitung formulierte Thema
- Vergleich mit Ergebnissen aus dem Unterricht (z. B. andere Gedichte des Autors, Gedichte mit demselben geschichtlichen Hintergrund oder vergleichbarer Thematik)
- persönliche Wertung

1.4 Autoren und Epochen

1 Ordne die folgenden Jahreszahlen den Autoren zu:

1729–1781; 1797–1848; 1921–1990; 1788–1857; 1616–1664; 1899–1974; 1759–1805; 1749–1832; 1819–1898; 1921–1947; 1898–1956

- Wolfgang Borchert ( )
- Bertolt Brecht ( )
- Annette von Droste-Hülshoff ( )
- Friedrich Dürrenmatt ( )
- Joseph von Eichendorff ( )
- Theodor Fontane ( )
- Johann Wolfgang von Goethe ( )
- Andreas Gryphius ( )
- Erich Kästner ( )
- Gotthold Ephraim Lessing ( )
- Friedrich Schiller ( )

2 Epochen bezeichnen in der Literaturgeschichte Zeiträume, die sich aufgrund sprachlicher und inhaltlicher Gemeinsamkeiten der literarischen Werke bestimmen lassen. Die Definition einer Epoche und ihre Abgrenzung von anderen Epochen stellt einen Versuch dar, den Überblick über die Geschichte der Literatur zu erleichtern. Einige der beschriebenen Autoren repräsentieren in besonderer Weise Merkmale ihrer Epoche.

Welche Autoren lassen sich den folgenden Epochen zuordnen?

- Romantik (ca. 1795 – ca. 1835): ____________________
- Barock (ca. 1600 – ca. 1720): ____________________
- Realismus (ca. 1850 – ca. 1890): ____________________
- Klassik (ca. 1786 – ca. 1832): ____________________
- Aufklärung (ca. 1720 – ca. 1785): ____________________

3 Alle beschriebenen Autoren sind durch sprachliche und inhaltliche Besonderheiten ihrer Werke für die deutsche Literaturgeschichte wichtig geworden.

Ordne die folgenden Autoren den Merkmalsbeschreibungen zu:

Wolfgang Borchert (1921 – 1947); Bertolt Brecht (1898 – 1956); Friedrich Dürrenmatt (1921 – 1990); Theodor Fontane (1819 – 1898); Erich Kästner (1899 – 1974); Gotthold Ephraim Lessing (1729 – 1781).

- In vielen seiner Werke geht es um eine vernunftgeleitete Toleranz, z. B. gegenüber anderen Religionen, und unvoreingenommene Humanität gegenüber den Mitmenschen:

  ____

- Menschen, die vom Krieg traumatisiert wurden, stehen im Mittelpunkt seiner Werke. Im Schicksal seiner Figuren wird die Sinnlosigkeit des Krieges deutlich:

  ____

- Seine Lyrik ist von einem aufklärerisch-moralischen Grundton geprägt. Tugenden wie Klugheit und Mitmenschlichkeit spielen auch in seinen Romanen eine wichtige Rolle:

  ____

- Er gilt als Wegbereiter des modernen Romans in Deutschland. Seine Figuren sollten ein realistisches Bild der Gesellschaft vermitteln:

  ____

- Er zählt zu den bedeutendsten deutschsprachigen Dramatikern. Seine Dramen sind von einem tragikomischen Grundzug bestimmt und vermitteln ein sehr pessimistisches Bild vom Verlauf der Geschichte des Menschen:

  ____

- Die Dramen dieses Autors zählen zu den meistgespielten auf deutschen Bühnen. Die innovative Bedeutung des Autors bezieht sich auch auf seine Lyrik, äußert sich aber vor allem im Konzept des „epischen Theaters“, mit dem er den denkenden und lernenden Zuschauer anstrebt:

  ____

4 Welche Epochen werden hier charakterisiert?

- ______________________ (   )

Die Auseinandersetzung mit der Antike bildete den entscheidenden Impuls für die Ausbildung der Epochenmerkmale. Das Humanitätsideal dieser Zeit kann man mit dem Zitat „Edel sei der Mensch, hilfreich und gut!“ umschreiben.

- ______________________________ (   )

Die Literatur dieser Epoche wollte das Leben der Menschen mit ihren Problemen und Freuden alltagsnah erzählen, ohne dass es den Dichtern um eine fotografisch genaue Abbildung der Lebensumstände ging.

- ______________________________ (   )

Die große Zeit dieser Literatur verlief etwa parallel mit der Herrschaftszeit der Staufischen Kaiser. Bevorzugte Themen waren Tugenden wie Selbstzucht, Anstand, Beständigkeit und Freigebigkeit. Es ging um die Verbreitung des christlichen Glaubens und um den Schutz der Schwachen und Unterdrückten.

- ______________________________ (   )

Das Grundgefühl der Epoche ist die Sehnsucht. Hieraus entwickeln sich Themen wie das Unterwegssein, die Frage nach den Geheimnissen der menschlichen Seele, die Erfüllung des Lebens in der Liebe und die Bedeutung der Natur für den Menschen.

- ______________________________ (   )

Die prägende Erfahrung der Epoche war der Dreißigjährige Krieg. Hieraus erwuchsen Weltabgewandtheit und Religiosität auf der einen Seite, andererseits aber auch der sinnenfrohe Genuss des Lebens und neues Selbstvertrauen durch naturwissenschaftliche und technische Fortschritte.

- ______________________________ (   )

Die Epoche wurde vom Willen geprägt, das gesellschaftliche und individuelle Leben kritisch und vernunftorientiert zu gestalten. So kann das Wort des Philosophen Immanuel Kant als Motto dieser Zeit gelten: „Habe Mut, dich deines eigenen Verstandes zu bedienen." In dieser Zeit traten auch einige junge Dichter als „Stürmer und Dränger" auf, die gegen gesellschaftliche Schranken und eine zu stark betonte Herrschaft der Vernunft rebellierten.

- ______________________________ (   )

In dieser Epoche protestierten junge Dichter leidenschaftlich gegen ihre Zeit. Sie wandten sich gegen die Macht der Fürsten, gegen die Stellung des Adels und gegen gesellschaftliche Schranken und Vorurteile, forderten aber auch die Rechte des Gefühls und der Fantasie und vor allem die des Künstlers, des „Genies".

2. Sachtexte

Die Beschäftigung mit einem Sachtext dient dazu, Informationen zielgerichtet zu entnehmen und zu ordnen, Kenntnisse zu erwerben und neue Einsichten zu entwickeln. Die Voraussetzung hierfür ist die Fähigkeit, einen Text inhaltlich und gedanklich zu gliedern, ihn zu durchdringen und wiederzugeben oder mit anderen Worten: ihn zu analysieren. Die Fähigkeit zur Analyse eines Textes braucht man in vielen Berufen; sie ermöglicht es, kritisch mit den Aussagen des Textes umzugehen, und schützt besser davor, manipuliert zu werden.

Im ersten Teil dieses Kapitels, das insgesamt acht Texte enthält, geht es um die Bearbeitung von Notizen und Schaubildern (Aufgaben 1–14); daran schließen sich die Beschäftigung mit einem Interview (Aufgaben 15–17) und dem Erfahrungsbericht einer 18-Jährigen (Aufgaben 18–24) an. Alle bearbeiteten Texte informieren dich über das Thema „Sucht und Suche“: Du erfährst etwas über den frühen Griff zum Alkohol bei Kindern, die Drogensucht Jugendlicher, die Therapie und die damit verbundene Hoffnung auf ein neues Leben.

Text 1: Häufig gestellte Fragen von Jugendlichen zum Thema Alkohol

1 Formuliere zu jedem Abschnitt eine Frage, auf die man als Leserin oder Leser im Folgenden eine Antwort erhält.

Wer zu viel und zu oft trinkt, bekommt auf die Dauer körperliche Schäden. Die Beschwerden sind anfangs vage (Magenbeschwerden, Müdigkeit, Schlafschwierigkeiten) und werden mit der Zeit immer konkreter. Die Leber verfettet und kann sich entzünden, es kann zu ernsten Magenbeschwerden kommen und langfristig kann beispielsweise eine Herz-, Hirn- oder Nervenschädigung auftreten. Lang anhaltendes übermäßiges Trinken kann auch das Entstehen von Krebs begünstigen (z. B. Kehlkopfkrebs, Speiseröhrenkrebs, Brustkrebs). Aus gesundheitlichen Gesichtspunkten ist es darum wichtig, maßvoll zu trinken.

Die Wirkung sieht konkret folgendermaßen aus: verminderte Wahrnehmungsfähigkeit, verlangsamte Reaktionsgeschwindigkeit, verminderte Konzentrationsfähigkeit; weniger konkret (und nicht minder riskant): ein vermindertes Vermögen, Risiken und sich selbst richtig einzuschätzen. Kurzum: Man verliert die normale (nüchterne) Kontrolle über sich selbst. Eine Unterschätzung dieser Fakten hat Auswirkungen auf kurzfristige Risiken (Unfälle, aggressives Verhalten, Vandalismus).

Unter Alkoholeinfluss ist die Fahrtüchtigkeit beeinträchtigt und das Risiko für Verkehrsunfälle nimmt zu. Es ist bekannt, dass Alkoholkonsum das Wahrnehmungs- und Reaktionsvermögen vermindert und zu einer Einschränkung des Sehfeldes führt.

Für Abhängigkeit gibt es mehr als eine einzige Ursache. Es sind verschiedene Ursachen zu nennen:

- Erblichkeit: Eine kleine Minderheit der Abhängigen hat ein erhöhtes Risiko, abhängig zu werden, wenn der Vater oder die Mutter abhängig ist; das größte Risiko haben die Söhne von abhängigen Männern.
- ernsthafte Probleme in der Kindheit und Jugend (unverarbeitete Traumata, Verwahrlosung, sexueller Missbrauch, Inzest)
- eine angeborene oder erlernte Empfindlichkeit im Hinblick auf Stress, Unruhe, Anspannung
- das Aufwachsen in einer Umgebung, in der oft viel und schnell getrunken wird
- Abhängigkeit als Reaktion auf Probleme: Beziehungsprobleme, Schwierigkeiten am Arbeitsplatz, Einsamkeit usw.

2 Sind die Informationen des Textes im Folgenden richtig oder falsch wiedergegeben? Kreuze an!

	richtig	falsch
Kurzfristig führt eine beschleunigte Reaktionsgeschwindigkeit zu einer erhöhten Risikobereitschaft.		
Abhängige Eltern sind die Hauptursache für Alkoholabhängigkeit.		
Häufiger Alkoholkonsum schädigt auf Dauer die inneren Organe.		
Die eingeschränkte Konzentrationsfähigkeit erhöht die Unfallgefahr.		
Abhängige Eltern können eine Ursache für Alkoholabhängigkeit sein.		
Es ist gesund, maßvoll zu trinken.		

Text 2: Wir brechen das Schweigen

„Wir brechen das Schweigen“

Neue Gruppe für Jugendliche und erwachsene Kinder von Suchtkranken

Bad Salzuflen: Laut Statistik gibt es in Deutschland 2,5 Millionen alkoholkranke Menschen. Werden die Angehörigen hinzugerechnet, kommen etwa zehn Millionen direkt oder indirekt von Sucht betroffene Menschen zusammen. Das bedeutet: In mindestens jeder achten Familie gibt es ein massives Suchtproblem. Das Blaukreuz-Zentrum Bad Salzuflen geht dieses Problem nun an unter dem Motto „Wir brechen das Schweigen", denn inzwischen besteht unter Fachleuten Einigkeit darüber, dass Sucht nicht nur Angelegenheit des Betroffenen ist, sondern die gesamte Familie beeinflusst. Alle leiden unter den Auswirkungen des Alkoholismus, schämen sich, erfinden Ausreden, leben in Angst und Unsicherheit. Nachdem in den vergangenen Jahren zunehmend die Ehepartner in die Therapie einbezogen wurden, geraten nun auch die Kinder ins Blickfeld. Bereits die Kindheit ist geprägt durch Überforderung, Einsamkeit und Minderwertigkeitsgefühle, weil diese Kinder durch die im Vordergrund stehende Krankheit wenig Möglichkeiten hatten, eine stabile Persönlichkeit zu entfalten. Bis zu 50 Prozent aller Kinder werden später selbst abhängig.

Neben den bisherigen Beratungsangeboten richtet das Blaukreuz-Zentrum Bad Salzuflen eine Gruppe für 15- bis 25-jährige Kinder von Suchtkranken ein, um über gemeinsame Erfahrungen, Fragen und Ängste ins Gespräch zu kommen.

3 Lies den Zeitungsbericht und notiere dann, welcher Aspekt von Text 1 (Häufig gestellte Fragen von Jugendlichen zum Thema Alkohol, S. 119f.) aufgegriffen und genauer erläutert wird.

____

____

____

____

____

4 Aus Familien mit massiven Suchtproblemen werden bis „zu 50 % aller Kinder [...] später selbst abhängig" (Z. 34f.). Wie wird die Beobachtung im Text begründet?

____

____

____

____

____

5 An wen richtet sich das Angebot des Blaukreuz-Zentrums?

- ☐ An interessierte Jugendliche
- ☐ An Kinder von Suchtkranken
- ☐ An jugendliche und erwachsene Kinder von Suchtkranken

Text 3: Jugendliche greifen häufiger zum Alkohol

Frankfurt a. M. – 14. Dezember 2004 – Jugendliche trinken immer mehr Alkohol – das ist bei einer Befragung herausgekommen. Tranken 2001 nur acht von 100 Jugendlichen regelmäßig Hochprozentiges, waren es in diesem Jahr bereits 16 von 100. Bei der Befragung machten etwa 3000 Jugendliche im Alter zwischen zwölf und 25 Jahren mit. Gefragt hatte die Bundeszentrale für gesundheitliche Aufklärung, eine Behörde der Bundesregierung. Über das Ergebnis ist sie besorgt, denn zu viel Alkohol ist ungesund, besonders für Jugendliche. Vor allem seit der Einführung der Alkopops, also alkoholischer Mix-Getränke, trinken junge Leute immer häufiger und mehr Alkohol. Als Grund dafür sieht die Bundeszentrale die aufwändige Vermarktung der Alkopops. Um gegenzusteuern, hat die Bundesregierung eine Steuer eingeführt, die diese Getränke teurer machen soll.

6 Formuliere einen Satz zu Text 3, der das Thema erfasst.

Der Artikel berichtet über die Ergebnisse

____

____

7 „16 von 100 Jugendlichen tranken regelmäßig hochprozentigen Alkohol."
Für welches Jahr gilt diese Aussage?

____

8 Setze die zutreffende Jahreszahl ein.

In einem Zeitraum von nur __________ Jahren verdoppelte sich der Anteil der Jugendlichen, die regelmäßig hochprozentigen Alkohol tranken.

9 Welche Ursachen für den gestiegenen Alkoholkonsum werden im Text genannt? Kreuze an.

- ☐ Fehlendes Gesundheitsbewusstsein
- ☐ Einführung der alkoholischen Mixgetränke
- ☐ Vermarktung der Alkopops

Text 4 (Grafiken): Alkohol – Erfahrungen und Häufigkeit des Alkoholkonsums

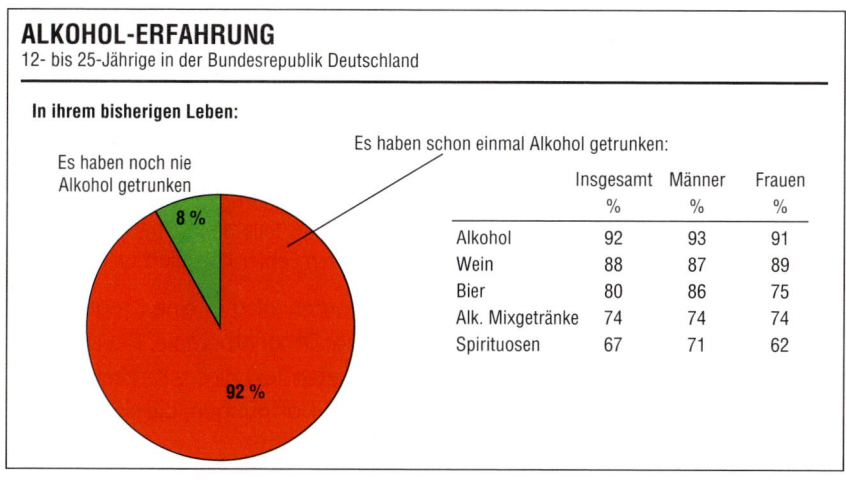

ALKOHOL-ERFAHRUNG

12- bis 25-Jährige in der Bundesrepublik Deutschland

In ihrem bisherigen Leben:

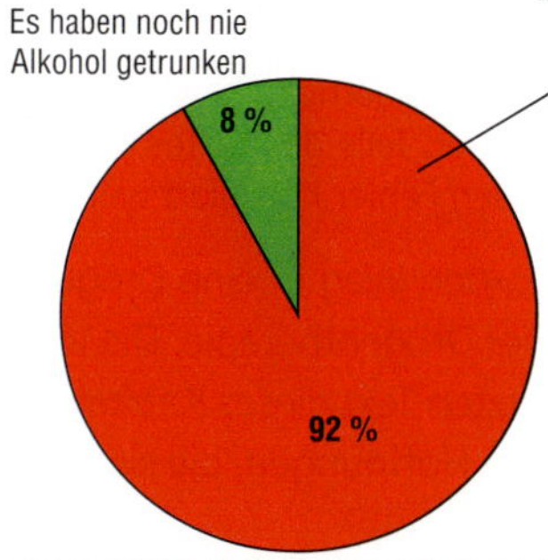

Es haben schon einmal Alkohol getrunken:

	Insgesamt %	Männer %	Frauen %
Alkohol	92	93	91
Wein	88	87	89
Bier	80	86	75
Alk. Mixgetränke	74	74	74
Spirituosen	67	71	62

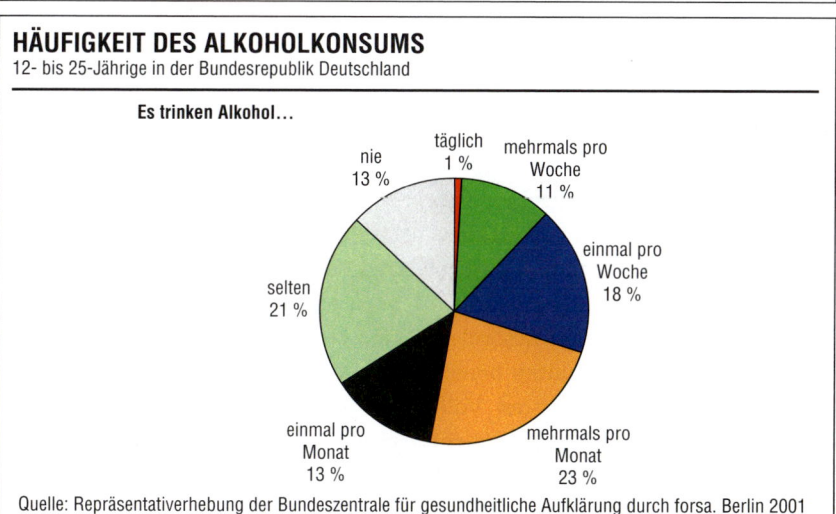

HÄUFIGKEIT DES ALKOHOLKONSUMS

12- bis 25-Jährige in der Bundesrepublik Deutschland

Es trinken Alkohol…

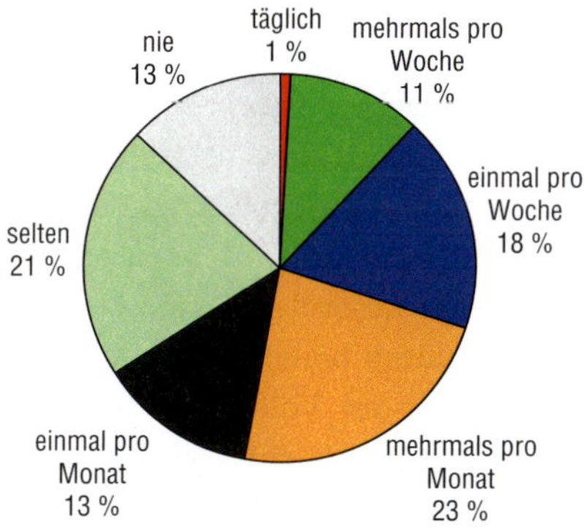

Quelle: Repräsentativerhebung der Bundeszentrale für gesundheitliche Aufklärung durch forsa. Berlin 2001

10 Verfasse auf der Grundlage von Text 3 (Jugendliche greifen häufiger zum Alkohol) und der beiden Grafiken (Text 4) einen informierenden Text von circa einer Seite Länge. Formuliere zunächst eine passende Überschrift und orientiere dich dann an folgender Gliederung: Alkoholerfahrung bei Jugendlichen – Häufigkeit – Ursachen für gestiegenen Alkoholkonsum.

11 Überarbeite nun deinen Text und verbessere ihn Schritt für Schritt, indem du folgende Fragen beantwortest:

- Welche Absicht verfolgt dein Text?
  Mein Text

  ____

  ____

- Wie ist die Reihenfolge der Gedanken?
  Notiere für jeden Gedanken ein Stichwort am Rand.
- Ist dein Text – entsprechend der gedanklichen Gliederung – in Absätze eingeteilt? Wenn nicht: Notiere durch ein ⌋ in deinem Text, wo Absätze gesetzt werden könnten.
- Kontrolliere: Passen Überschrift, Anfang und Schluss deines Textes zusammen?
- Lege deinen Text einem Leser (Mitschüler, Freund, Elternteil …) zur Beurteilung vor: Ist der Text gut verständlich? Gibt es Unklarheiten? Müssen Zusammenhänge näher erläutert werden? Können Teile des Textes gestrichen werden, weil sie überflüssig scheinen? Müssen Fehler korrigiert werden?

Die beiden folgenden Zeitungstexte beschreiben den Weg in eine Drogensucht, die Ursachen hierfür und die Erfolgschancen einer Drogentherapie. Die in beiden Zeitungsberichten erwähnte Saskia erzählt im letzten Text dieses Kapitels (Text 8) aus ihrem Leben, von ihrer Drogensucht und ihren Hoffnungen, die sie in die Zeit nach der Therapie setzt.

Text 5

Saskia ist eine von zwölf jugendlichen Patienten in Teen Spirit Island, einem Drogentherapiezentrum in Hannover. Abhängige bis 18 Jahre machen dort erst einen körperlichen Entzug und beginnen danach mit der Aufarbeitung ihrer Sucht – also der Therapie.

Nach Hannover kommen besonders schwere Fälle, manche hatten bereits mit zehn Jahren ihren ersten Vollrausch. Und als Trend ist allgemein erkennbar: Jugendliche beginnen immer früher zu trinken. Oft sind auch noch andere Drogen im Spiel. Zum Beispiel synthetische Substanzen wie Ecstasy.

Alkohol ist in den meisten Fällen die Einstiegsdroge. In Deutschland gibt es etwa eine halbe Million Alkoholabhängige im Alter von 12 bis 21 Jahren. Und seit die bunten, süßen und hochprozentigen Alkopops gezielt für Teenager beworben werden, „landen auch zunehmend Mädchen mit Alkoholvergiftungen im Krankenhaus", sagt Christoph Möller, Oberarzt in Teen Spirit Island. „Schon Zehnjährige kriegen die Mixgetränke an der Tankstelle."

Die Folgen der Sucht: organische und psychische Schäden, Schulabbruch, Arbeitslosigkeit. An Langzeitschäden durch Alkohol sterben bundesweit jährlich rund 42 000 Menschen.

Informationen: Teen Spirit Island
Kinderkrankenhaus auf der Bult
Janusz-Korczak-Allee 12,
30171 Hannover
Telefon: 0511/8115-218

Text 6

„Fast alle unsere Patienten haben eine tragische Geschichte“, sagt Christoph Möller, der Oberarzt von Teen Spirit Island, der Therapiestation für drogenabhängige Kinder in Hannover. Einige wurden, wie Saskia, vernachlässigt, manche geprügelt und gedemütigt, andere scheitern an zu hohen Erwartungen der Eltern und Überbehütung.

Jungen und Mädchen zwischen 12 und 18 Jahren kommen zur stationären Behandlung nach Hannover. Hier machen sie zunächst den körperlichen Entzug und dann die Psychotherapie. Es sei kein Wunder, dass Jungen und Mädchen immer früher Alkohol trinken, sagt Möller. „Wir tun nicht viel für unsere Kinder.“ In entsprechenden Europa-Studien schneide Deutschland schlecht ab. Wenn Orientierungspunkte und Ideale fehlten, wenn auf die Frage nach einem Vorbild nur der Name Daniel Küblböck falle, sei das eine traurige Bilanz für unsere Gesellschaft. Möller rät Eltern, immer in Beziehung mit ihren Kindern zu bleiben, „denn nur Reibung erzeugt Wärme“.

Und wie stehen Saskias Chancen, sich im Alltag ohne Drogen zurechtzufinden? „Weit über die Hälfte unserer Patienten schaffen es“, sagt Möller. Prinzip Hoffnung.

Buchtipp: Christoph Möller, „Jugend sucht – Ehemals Drogenabhängige erzählen“, Esslingen, November 2003, 112 Seiten, 14 Euro

12 Lies beide Texte und setze dann die folgenden Überschriften passend über die Texte:

„Kinder auf Entzug“

„Alkohol als Einstiegsdroge“

13 Welche der folgenden Informationen findest du in Text 5, welche in Text 6? – Notiere in einem zweiten Arbeitsschritt, welche der Texte 1 bis 4 dir bereits ähnliche Informationen zur Verfügung gestellt haben.

	Text 5 und/oder 6	Ähnliche Informationen in Text …
Die Therapie folgt nach dem körperlichen Entzug.		
Die Folgen der Sucht sind organischer, psychischer und sozialer Art.		
Jugendliche beginnen immer früher zu trinken.		
Vernachlässigung, aber auch zu hohe Erwartungen können familiäre Ursachen der Sucht sein.		
Kinder haben zu wenig gesellschaftliche Orientierungspunkte und Ideale.		

	Text 5 und/oder 6	Ähnliche Informationen in Text …
Eine Verschärfung des Alkoholproblems bilden die so genannten Alkopops.		
Die Chancen einer erfolgreichen Drogentherapie liegen laut vorliegendem Text bei über 50 %.		
Alkohol gilt als Einstiegsdroge. Es gibt etwa 500 000 alkoholabhängige Jugendliche.		

14 Die Originalüberschrift zu Text 6 lautet „Kinder auf Entzug".
Erläutere die doppelte Bedeutung dieser Überschrift.

____

____

____

____

____

____

Die Analyse eines Sachtextes gelingt besonders gut, wenn du schon vor dem ersten Lesen einige Fragen klärst:

- Was weiß ich, ausgehend vom Titel, schon zum Thema des Textes?
- Welcher Zusammenhang besteht möglicherweise zum bisher Gelesenen?
- Kann ich vorab Fragen formulieren, auf die mir der Text eventuell eine Antwort gibt?

Wende diese Fragen auf den folgenden Text an, der auf der Basis eines Interviews mit Lutz G. Schmidt, dem Leiter einer Suchtambulanz in Berlin, entstand.

Text 7: Alkohol: Lebensfreude oder Abhängigkeit?

Ein erstes Problem, was sich für einen verantwortungsvollen Konsum von Alkohol bei Erwachsenen stellt, ist die Frage, wie viel Alkohol man ohne Gefährdung der eigenen Gesundheit trinken darf. Da die individuelle Empfindlichkeit von Person zu Person unterschiedlich ist, scheuen sich einige Experten, Grenzwerte anzugeben. Vielen ist der Grenzwert deutscher Experten noch zu hoch: 40 g Alkohol am Tag für Männer (das sind 1 Liter Bier oder 1/2 Flasche Wein), 20 g für Frauen (0,5 Liter oder 1 Wasserglas Wein). Mengenangaben wiegen alle diejenigen, die für eine psychische Abhängigkeit oder körperliche Schädigung besonders empfänglich sind, in falscher Sicherheit. Wird regelmäßig, z. B. täglich, Alkohol konsumiert, kann es nach und nach zu einer psychischen Abhängigkeit kommen. Das Kernsymptom der psychischen Abhängigkeit ist das unbezwingbare Verlangen, Alkohol zu trinken. Dieses Verlangen äußert sich im so genannten Kontrollverlust oder in der Kontrollminderung. Das heißt, der oder die Betroffene ist nach Beginn des Trinkens nicht mehr in der Lage, dann aufzuhören, wenn er oder sie es sich eigentlich vorgenommen hat. Auch die Menge kann man dann nicht mehr begrenzen. Kontrollverlust heißt allerdings nicht, dass die Betroffenen tatsächlich bei jedem Trinkereignis die Kontrolle verlieren. Das zeigen z. B. die so genannten „Quartalssäufer", die über lange Strecken kontrolliert trinken, aber alle vier bis sechs Wochen fürchterlich abstürzen. Ein anderes Zeichen ist die Abstinenzunfähigkeit, das heißt, dass eigentlich keine Episode alkoholfreien Lebens mehr eingelegt werden kann und kontinuierlich getrunken werden muss. Neben der psychischen Abhängigkeit und den damit verbundenen körperlichen Schädigungen kann ein regelmäßiger, zu hoher Alkoholkonsum auch erhebliche soziale Folgen nach sich ziehen. Alkoholabhängige können alle zentralen Bereiche verlieren, die den Menschen halten. Man spricht vom so genannten „Losigkeitssyndrom": arbeitslos, wohnungslos, familienlos; also praktisch der Verlust aller Bindungen. Das ist natürlich eine Extremform. Nur ein kleiner Teil der Abhängigen kommt in diese ganz fatale Situation. Der Partner und die Kinder lehnen den Alkoholabhängigen häufig ab. Letztlich isolieren sich die Alkoholkranken selbst, weil sie sich schämen, suchtkrank zu sein. Diese Scham ist wohl die Hauptursache dafür, dass sich pro Jahr nur etwa 1,4 Prozent von 2,5 Millionen alkoholabhängigen Bundesbürgern einer Entwöhnungsbehandlung unterziehen. Neben der Scham geht die Alkoholkrankheit mit einer Verleugnung einher. Die Betroffenen reden sich ein, das Trinkverhalten im Griff zu haben und jederzeit wieder kontrolliert trinken zu können. Bei einer ausgeprägten Abhängigkeit ist dies ein Trugschluss. In diesem Fall besteht keine Möglichkeit, zu einem späteren Zeitpunkt jemals wieder kontrolliert und in Maßen trinken zu können. Bei milderen Formen der Abhängigkeit besteht eine erste Hilfe darin, den Hausarzt zu konsultieren. Gemeinsam kann man versuchen, den Tagesablauf so zu gestalten, dass die Patienten weniger Alkohol trinken. Studien haben gezeigt, dass die Leute tatsächlich ihren Alkoholkonsum reduzieren und ihr Gesundheitsstatus besser wird, wenn das Problem in den Hausarztpraxen thematisiert wird. Darüber hinaus gelten einige Regeln für einen verantwortungsvollen Umgang beim Konsum von Alkohol: Wenn man starken Durst hat, sollte man keinen Alkohol trinken, auch nicht nach dem Sport, auf leeren Magen oder nach 24 Uhr, hochprozentiger Alkohol sollte nach Möglichkeit vermieden werden, die Mengen sollten bewusst nach Möglichkeit reduziert und kontrolliert werden, um Schäden zu vermeiden.

15 Benenne zwei Sachverhalte, die im Sachtext „Alkohol: Lebensfreude oder Abhängigkeit?" thematisiert werden:

___

___

___

16 Der Gedankengang des Textes kann durch eine Einteilung in Abschnitte besser und genauer erfasst werden. Unterteile den Text in insgesamt fünf Sinnabschnitte und füge die entsprechenden Zeilenangaben hinzu.

Abschnitt	Zeilen	Zwischenüberschrift
1	1 –	
2		
3		
4		
5		

17 Ergänze die Tabelle, indem du für die von dir gefundenen Sinnabschnitte Zwischenüberschriften formulierst.

Der folgende Merkkasten fasst nach der Bearbeitung der Texte 1–7 noch einmal die wichtigsten Arbeitsschritte zusammen, die dir beim Verstehen eines Sachtextes helfen. Im Anschluss folgt dann der Erfahrungsbericht der 18-jährigen Saskia (Text 8: „Alles ist tot irgendwie“) und einige abschließende Hilfen für die Analyse eines Sachtextes (vgl. dazu den Merkkasten auf Seite 137).

Auf einen Blick

Sachtexte verstehen

Kläre nach Möglichkeit schon **vor dem ersten Lesen**, indem du dich an der Überschrift orientierst:

- Weiß ich schon etwas zum Gegenstand des Textes?
- Welcher Zusammenhang besteht zum bisher von mir Gelesenen oder zum bisherigen Unterricht?
- Welche Frage(n) kann ich formulieren, auf die mir der Text möglicherweise eine Antwort gibt?

Das **Thema** eines Textes ist der Haupt- und Grundgedanke, der im Text genauer ausgeführt und entfaltet wird. Oft kannst du bereits mithilfe der Überschrift das Thema formulieren; manchmal muss das Thema aus dem Text erschlossen werden.
Mache dir dazu klar:

- Welches Problem, welche Frage, welchen Sachverhalt behandelt die Autorin/der Autor?
- Wird dieses im Titel oder Untertitel in vollem Umfang zum Ausdruck gebracht?
- Gibt es im Text eine Stelle, die das Thema deutlich kennzeichnet?

Das Thema vor Augen kannst du nun dazu übergehen, im Text **Sinnabschnitte** zu markieren, um danach gezielt zu **unterstreichen**. Verdeutliche durch einen „Haken" mit dem Bleistift, wo im Text abgrenzbare „Sinn-Abschnitte" vorliegen, d.h., wo inhaltlich etwas Neues beginnt, eine neue Gedankenkette aufgebaut wird, ein neuer thematischer Aspekt erscheint, ein Handlungsschritt neu einsetzt usw. Anhand dieser abgegrenzten Sinneinheiten entsteht ein erst noch vorläufiger Einblick in den Gesamtaufbau des Textes. Beachte, dass im Druckbild vorgegebene Absätze nicht immer identisch sind mit „Sinn-Abschnitten": Größere Druckabschnitte können evtl. in mehrere Sinnabschnitte gegliedert, mehrere Absätze auch zu einer größeren Sinneinheit zusammengefasst werden.

Im nächsten Arbeitsschritt geht es um die **Strukturierung** des Textes. Die beim ersten Lesen mit einem „Haken" sichtbar gemachten Sinnabschnitte werden dazu mit einer Überschrift versehen (auf dem Blattrand oder auf einem Sonderzettel), die den Inhalt und die Thematik des Sinnabschnittes möglichst exakt kennzeichnet und zusammenfasst.

Entsprechend den Sinnabschnitten wird nur der Gedankengang des Textes wiedergegeben, und zwar gegliedert, gekürzt, mit eigenen Worten und verständlich, möglichst wertungsfrei und mit Textbelegen.

Text 8: Alles ist tot irgendwie

Mit 12 Jahren begann Saskia, Alkohol zu trinken. Bier, Wein, Korn. Später nahm sie noch andere Drogen. Heute ist Saskia 18. Im Magazin erzählt sie, warum sie sich so „zugedröhnt" hat […], über ihre Therapie und ihre Wünsche für das neue Leben.

Wenn ich an meinen Vater denke, sehe ich ihn mit einer Flasche Bier vor dem Fernseher sitzen. Als ich klein war, habe ich ihm manchmal das Bier geholt. Ich war drei, als sich meine Eltern scheiden ließen. Alle vier Wochen kam ich zu meinem Vater. Dort habe ich auch mal Alkohol probiert, neun oder zehn war ich damals. Für meinen Vater war das okay. Ich war mehr oder weniger die Prinzessin für meinen Vater und in dem kleinen Dorf, in dem er wohnte. Getrunken haben alle, seine Freunde, die ganze Verwandtschaft. Und ich war total interessiert, bei Festen habe ich genippt und die Reste ausgetrunken. Es hat nicht toll geschmeckt, aber so schön gewärmt. Mit 12, 13 fing ich richtig zu trinken an, auch zu Hause bei meiner Mutter. In den Jugendclubs und auf Grillparties haben alle getrunken. Harte Sachen wie Korn, Whiskey haben wir mit Cola gemischt, damit es süß schmeckt. Und meistens hatten wir Bier. Das war Standard. Am Wochenende war ich meistens betrunken und habe gekotzt. Meiner Mutter ist das nicht aufgefallen, weil ich ihr gesagt habe, dass ich bei einer Freundin schlafe. So konnte ich die ganze Nacht wegbleiben. Meine Mutter hat mal eine Weinflasche in meinem Zimmer gefunden und gefragt, ob ich die alleine getrunken hätte. Ich sagte: „Nein, die habe ich nur mitgenommen" – mit der Antwort war sie dann zufrieden. Mit meinem Vater habe ich sogar getrunken. Er hat sowieso die Vaterrolle nie richtig angenommen. Er ließ mich mit 13 alleine in die Disko gehen.
In dem Alter ging es auch mit den Jungs los. Da wurde es mit dem Saufen noch exzessiver. Heute denke ich, damals hätte ich schon einige Male ins Krankenhaus gemusst. Ich habe alles rausgekotzt, was rauszukotzen war, konnte nicht alleine nach Hause. Habe auf dem Sofa gelegen und nichts mehr gesehen. Vielleicht war das schon eine Alkoholvergiftung. Jedenfalls war ich nicht mal in der Lage, irgendwohin zu laufen. Den anderen ging es auch nicht besser, aber es war so normal, dass keiner daran dachte aufzuhören.
Die richtigen Abstürze gab es nur am Wochenende. Unter der Woche habe ich das Trinken so dosiert, dass ich noch in die Schule gehen konnte. Dort hat niemand was mitgekriegt: Wenn es mir richtig schlecht ging, bin ich nicht hingegangen. Meiner Mutter habe ich gesagt, ich hätte Bauchschmerzen. Ich war immer recht gut in der Schule. Wenn ich im Unterricht aufgepasst habe, ging das schon. Gut, ich hatte starke Stimmungsschwankungen und war oft aufgeputscht und habe mich mit anderen angelegt. Von den Lehrern hat mich aber nie einer angesprochen, die hielten mich eher für eine Powerfrau.
Meine Mutter hatte irgendwann einen neuen Freund, war total verknallt und bekam noch weniger mit. Dabei wollte ich eigentlich, dass sie etwas merkt. Vielleicht klingt das jetzt krass, aber ich glaube, meine Essstörung habe ich mir zugelegt, um ihre Aufmerksamkeit zu bekommen. Anfangs war das ein Spiel, ich habe

wenig gegessen und angefangen, mich zu übergeben. Ich wusste, dass das eine Krankheit ist, und dachte, ich täusche das mal vor, damit sie sieht, wie schlecht es mir geht. Daraus ist dann aber eine echte Bulimie geworden. Von dem Zeitpunkt an, als es ernst wurde, habe ich es vor ihr verheimlicht. Ich hatte gemerkt, dass es jetzt zu mir gehörte, und hatte Angst, dass sie mich in eine Klinik schickt. Ich bekam diese Fressattacken, wurde dicker und wieder dünner. Wenn ich dann noch getrunken und einen Joint geraucht habe, oh je, da ging's mir echt beschissen. Trotzdem hatte ich extrem viel Energie und sah immer noch gesund aus mit meinen roten Wangen.

Mit 14 hatte ich meinen ersten festen Freund. In dieser Zeit bin ich aus meiner Clique raus, weiter weggefahren in Großdiskos und habe anders Party gemacht als früher. Nicht mehr dieses gemütlich zusammensitzen und saufen, sondern laute Musik und durchtanzen. Damals habe ich mit Ecstasy angefangen. Jedes Wochenende ging es so: Erst habe ich getrunken, und wenn der Zeitpunkt kam, wo man vom Alkohol schläfrig wird, habe ich eine Pille genommen.

Meine Mutter dachte, dass ich am Wochenende bei meinem Freund schlafe. So war es noch viel einfacher.

Dann hatte ich einen neuen Freund, der aus Leipzig kam. Die Woche über war ich noch in der Schule, am Wochenende bei ihm. Durch ihn bin ich auch an Kokain rangekommen. Ich habe irgendwie nur Leute kennen gelernt, die Drogen nahmen. Und ich habe viel ausprobiert: Crystal und Amphetamine, alles Mögliche halt. Mir war's dann auch egal, ich wollte einfach nur noch breit sein, nicht normal sein. Das Schöne an den Drogen ist, alles, was in einem arbeitet, Schule, Eltern, Probleme, alles ist abgeschaltet, du bist einfach nur frei. Ich hatte dann zufriedene Gefühle, wie andere Leute sie nach einem tollen Arbeitstag haben oder so. Irgendwas, worauf sie stolz sein können. Ich weiß nicht, was man normal in dem Alter macht, mit 14, 15. Um meinen Körper, Sexualität oder solche Sachen, habe ich mich überhaupt nicht gekümmert. Ich bin halt weggegangen. Klar, ich hatte auch meinen Freund, aber wir haben uns sehr viel gestritten. Weil er auch so depressiv war, haben wir uns nur abgenervt, wenn wir runtergekommen sind. Das ist der Horror: Wenn die Wirkung nachlässt, guckst du nur noch ins Leere, alles ist tot irgendwie. Dann hängst du da, bist fertig, kannst aber nicht schlafen, weil du total aufgeputscht bist. Also trinkst du wieder Alkohol. So gibt's Kandidaten, die sind dauerdrauf. Nach zwei Jahren sind die aber durch, Ende.

Irgendwann habe ich meiner Mutter erzählt, ich hätte einmal Ecstasy ausprobiert. Damals war ich 16. Damals war ich schon ziemlich im Arsch. Bin öfters mal zusammengeklappt und so. Meine Mutter fand das nicht toll, aber als ich dann gesagt habe, dass ich es nicht mehr mache, hat sie mir geglaubt. Ich habe mir eigentlich gewünscht, dass sie mich mal kontrolliert, dass alles rauskommt und sie mir da raushilft.

Zu dieser Zeit war ich mit meinem Freund nicht mehr zusammen. Das war auch der Grund, weshalb ich eine Zeit lang keine harten Drogen mehr genommen und auch weniger getrunken habe. Nach meinem Realschul-Abschluss bin ich dann nach Hamburg gezogen, um eine Ausbildung als Hotelfachfrau zu machen. Da war ich anfangs auch noch clean, vielleicht weil mein neues Leben spannend genug war. In der Berufsschulklasse lernte ich dann jemanden kennen, mit dem ich mich total gut verstand. Ein Kumpel. Der war nicht clean, wir gingen viel zusammen weg und schon war ich wieder drin. Unbewusst habe ich wohl einen Blick für die falschen Leute. Aber die anderen sind halt ätzend. Worüber die reden, was die toll finden: „Hach, ich bin jetzt auch im Tennisverein" – so langweilige Sachen halt.

Irgendwann bin ich dann gar nicht mehr klargekommen. Hab's gerade noch zur Arbeit geschafft, einen Anschiss nach dem anderen kassiert, weil ich mich immer hingesetzt habe, nicht mehr stehen konnte. Ich habe alles vergessen, dies nicht gemacht, das nicht gemacht. An einem Tag hatte ich eine Überdosis Amphetamine und konnte mich gar nicht mehr bewegen, lag im Bett und dachte: So, entweder du kommst jetzt ins Krankenhaus oder du stirbst heute Nacht. Ich habe alles nur noch grün oder rot gesehen, hatte Krämpfe am ganzen Körper, überall. Ich lag zwei Tage, und danach habe ich mir gesagt: So gehts nicht weiter. Damals habe ich alle Beratungsstellen angerufen und denen meine Geschichte erzählt, alles.

So bin ich nach Teen Spirit Island, eine Einrichtung für drogenabhängige Jugendliche, gekommen. Hier mache ich seit sieben Monaten Therapie – und das ist richtig hart. Aber ich habe immer gespürt, dass da noch etwas anderes ist in mir: ein anderer Weg, den ich gehen will.

Als ich hierher kam, war ich am Ende. Mein Körper hatte von den ganzen Drogenexzessen schlapp gemacht, und in meinem Kopf war nichts mehr drin. Keine Träume, keine Wünsche.

Hier, in der Therapiestation Teen Spirit Island, mache ich jetzt meine erste Drogentherapie. Anfangs hatte ich nicht unbedingt das Gefühl, dass ich das für mich mache, aber alle sagten, das sei das Richtige. Es ist aber nicht damit getan, keine Drogen mehr zu nehmen. Hier wird Therapie gemacht. Ein Sonntagsspaziergang ist das wirklich nicht. Zuerst habe ich es einfach nicht ausgehalten. Der Entzug war für mich gar nicht das Schlimmste. Durch die Medikamente, die ich bekam, war ich relativ ruhig und habe gar nicht so viel mitbekommen. Ich war ja sowieso leer im Kopf und kaputt im Körper. Schwierigkeiten hatte ich mit dem Leben in der Einrichtung, den vielen unterschiedlichen Jugendlichen, die alle eine heftige Geschichte haben. Die prallen hier aufeinander, 24 Stunden am Stück. Der Tag ist sehr strukturiert, man kann gerade am Anfang überhaupt nicht machen, was man selbst möchte. Zum Beispiel müssen wir putzen und so. Nur kann ich mich hier nicht verweigern. Draußen würde ich sagen: Leck mich am Arsch damit. Hier muss ich mich drauf einlassen.

Und dann kommen die ganzen Sachen aus der Vergangenheit hoch, über die ich viel nachdenke und mit Therapeuten rede. Ich habe Probleme mit meinen Eltern gehabt. Sie haben sich getrennt, als ich drei war. Da ist viel Unausgesprochenes, was man als Kind und Jugendlicher schon spürt. Es geht einem schlecht, man weiß aber nicht warum. Was mir gefehlt hat, war ein offenes und ehrliches Verhältnis zu den Eltern. Dass man zum Beispiel auch unangenehme Sachen ansprechen kann. Solche Kleinigkeiten: einfach mittags nach der Schule zusammen am Tisch sitzen und reden. Gibt's Probleme, wie war der Tag, was beschäftigt dich, kann ich dir helfen? Meine Mutter hat so was nie gefragt. Und sie hat auch nicht von ihren Problemen geredet. So hat sie dann irgendwann völlig den Kontakt zu mir verloren, und ich habe sie überhaupt nicht mehr für voll genommen. Eltern müssen besser aufpassen, finde ich. Die müssen doch wissen, wo ihr Kind schläft. Wenn ich mal Kinder habe, würde ich kontrollieren, ob die wirklich bei ihrer Freundin übernachten. Ich würde da anrufen. Meine Mutter hätte doch merken müssen, dass es mir richtig schlecht geht. Aber ich denke, sie war froh, wenn sie ihre Ruhe hatte. Sie war immer gestresst, hat viel gearbeitet oder war mit ihrem neuen Freund beschäftigt, da hatte sie zu Hause keine Lust auf noch mehr Stress. Meine Eltern waren beide sehr schwach – und deshalb habe ich wohl immer versucht, stark zu sein.

Meine Mutter macht jetzt eine ambulante Therapie und fragt sich: Was habe ich falsch gemacht? Sie ist da echt weitergekommen. Aber es ist auch schwierig, weil die alten eingefahrenen Muster immer wieder hochkommen, diese Unehrlichkeit zwischen uns. Manchmal ist sie dann wieder ganz distanziert, sagt: „Kind, Kind, du hast Alkohol getrunken und Drogen genommen. Das war nicht in Ordnung von dir.“ Als hätte sie nichts damit zu tun.

Mein Vater besucht mich hier auch und ist in meine Therapie eingebunden. Aber er denkt: Wenn er meinen Therapeuten was vom Pferd erzählt, glauben die ihm schon. Aus meiner Sicht braucht mein Vater selbst eine Therapie. Ich denke, er ist Alkoholiker, auch wenn er manchmal längere Zeit nicht trinkt. Eine Essstörung hat er auch, genau wie ich. Er ist klein und dick und versucht, immer abzunehmen mit so ungesunden Diäten wie den ganzen Tag nur Krautsalat zu essen.

Wenn du über all diese Dinge nachdenkst, die in deiner Kindheit schiefgelaufen sind, kommst du oft an den Punkt, wo du alles hinschmeißen willst. Ich fühle plötzlich so vieles, was sehr wehgetan hat. Deshalb dachte ich am Anfang der Therapie, ich drehe durch. Natürlich hatte ich mich draußen in solchen Momenten zugedröhnt. Aber es gehört ja zur Therapie, dass ich weitermache.

Nach dem Entzug, wenn es einem wieder besser geht, wenn man wieder normal ist, kommt auch die Lust auf Drogen zurück. Dann denkst du: Jetzt könnte ich ja wieder mal weggehen. Wenn man hier abhaut, gibt es eine Regelung: Wer keinen Rückfall baut und nach 24 Stunden wieder da ist, darf vielleicht bleiben. Ich hatte auch einen Rückfall. Nach drei Monaten habe ich einmal abgebrochen und mich draußen mit einem guten Kumpel gleich wieder zugedröhnt. Aber es ging mir gar nicht gut dabei, ich wollte das nicht mehr. Dann habe ich an die Leute hier gedacht, die alle weitermachen, und daran, dass ich es doch schon drei Monate geschafft hatte. Nach einer Woche kam ich zurück. Zu meinem Kumpel habe ich gesagt: „Behalte mich in guter Erinnerung, aber für mich ist das nichts mehr.“ Zum Glück wurde ich in der Therapie wieder aufgenommen. Ich hatte zwar manchmal Suchtdruck, wollte aber nicht abhauen und habe das dann mit Essen kompensiert. Allein von den Psychopharmaka nimmt man ja zu, die machen einen aufgedunsen. Und ich habe gefressen wie ein Tier. Nutella löffelweise aus dem Glas. Ruckzuck war ich fett, 98 Kilo, auwei. Inzwischen bin ich runter auf 93. Fünf Kilo abgenommen in zweieinhalb Wochen. Nachdem ich es die erste Zeit geschafft hatte, ging es mir wieder besser. Bis es einem körperlich wieder besser geht und man relativ stabil ist, vergehen meist einige Wochen. Dann beginnt die B-Phase, das ganze Programm mit Therapie, Einzelgesprächen. Du hast bestimmte Aufgaben, also eigentlich gar keine Zeit mehr. Und plötzlich merkst du: Hey, ich habe schon seit drei, vier Monaten keine Drogen mehr genommen. Irgendwie wächst dann auch das Vertrauen, dass du ohne Drogen ja doch aufstehen und was machen kannst. So hat sich das mit dem Essen jetzt ein bisschen normalisiert. Auch meine Depressionen oder die extrem guten Launen pendeln sich langsam ein.

Früher hatte ich gar keine Hobbys. Ich konnte nicht sagen, wo meine Talente oder Schwächen sind. Ich habe so viele Sachen in meiner Kindheit nicht gemacht, weil es einfach an mir vorbeigezogen ist durch die Drogen. Richtig glücklich bin ich, wenn wir mit der Gruppe zum Schwimmen gehen. In der Grundschule habe ich das schon gerne gemacht, aber später überhaupt nicht mehr. Seit drei Wochen kann ich von hier aus auch ins Fitnessstudio gehen, das macht mir total Spaß. Ich gucke jetzt, was mir guttut, achte mehr auf mich und meinen Körper.

Inzwischen habe ich keine Angst mehr, dass ich wieder rückfällig werde. Ganz sicher kann man sich natürlich nie sein. Ich werde wahrscheinlich im Februar entlassen – und gehe bestimmt mal wieder in irgendeine Disko, und ich vermute, dass auch die Lust auf Drogen wiederkommen wird. Dann werde ich aber daran denken, wie ich an mir gearbeitet, wie weit ich es geschafft habe. Einmal ist keinmal: Das geht mit Drogen einfach nicht. Wahrscheinlich werde ich mal wieder Alkohol trinken, obwohl das hier auch als Rückfall gilt. Ein Leben ganz ohne Alkohol? Das kann ich mir nicht vorstellen. Ich denke darüber noch nach. Doch ich weiß sicher, dass ich mich nicht mehr besaufen werde, weil ich nie mehr so unkontrolliert sein will. Mir würde es reichen, ein Bierchen zu trinken, und dann ist es gut.

Wenn ich rauskomme, mache ich meine Ausbildung zur Hotelfachfrau weiter. Die Ausbildung zu schaffen ist mein großes Ziel, und ein ganz normales Leben, Freunde, ein Zuhause, Kinder vielleicht irgendwann. Viele Freunde, die keine Drogen nehmen, habe ich nicht, aber ich denke, dass ich mich von den alten Kreisen fernhalten muss. Schwierig wird es bestimmt, wenn ich Stress habe. Sobald es mir schlechtging, habe ich mich ja früher immer zugedröhnt. Ich denke mal, dass ich in Zukunft dann laufen oder mir ein Fahrrad schnappen und strampeln werde, um die erste Wut zu bekämpfen. Anfangs werde ich wohl noch mit dem Therapeuten, später dann mit meiner Freundin über meine Probleme reden. Auf jeden Fall muss ich aufpassen, dass ich nicht mehr alles runterschlucke. So optimistisch und selbstbewusst wie im Moment war ich schon lange nicht mehr. Und ich glaube, ich werde es schaffen.

18 Das Thema eines Textes kann man als Grundgedanken verstehen, der dann genauer ausgeführt wird.
Lies den Erfahrungsbericht „Alles ist tot irgendwie" einmal in Ruhe und kreuze an, welche Themenformulierungen zutreffen:

- ☐ Im Text werden die sozialen Ursachen (Familie, Bekannte, Freunde) für eine Drogensucht angesprochen.
- ☐ Der Text führt aus, wie sich eine Drogensucht trotz elterlicher Hilfe entwickeln kann.
- ☐ Es wird erläutert, dass zufällige Bekanntschaften und Freunde für das Zustandekommen eines Suchtverhaltens keine Rolle spielen.
- ☐ Der Text behandelt die zwei Phasen einer Drogentherapie.
- ☐ Es geht um die psychischen Belastungen einer Therapie, aber auch um die mit der Therapie verknüpften Hoffnungen.

19 Verfasse nun eine komplette Einleitung zum Text „Alles ist tot irgendwie", die folgende Angaben enthält:

- Textsorte (Kommentar, Rede, Bericht …), Überschrift, Verfasser, Erscheinungsort und Erscheinungsjahr, Publikationsmedium
- Angabe des im Text behandelten Themas (verwende hierzu die Ergebnisse aus Aufgabe 18)
- Kennzeichnung der möglichen Adressaten und des Sprachstils (z. B. Jugendsprache, Berichtssprache, Umgangssprache, Alltagssprache, Wissenschaftssprache)

20 Der Gedankengang eines Sachtextes, mit dem das Thema entfaltet wird, lässt sich am besten erfassen, wenn der Text in Sinnabschnitte eingeteilt wird.
Entscheide dich zunächst für eine Zweiteilung des Textes, indem du die entsprechenden Zeilenangaben machst und jeden Teil mit einer Überschrift versiehst.

Zeile 1 – Zeile : ____________________

Zeile – Zeile : ____________________

21 Ergänze die folgenden Vorschläge für die Einteilung des Textes in Sinnabschnitte um die passenden Zeilenangaben:

Überschriften für die Sinnabschnitte	Zeilenangaben
Erste Erfahrungen mit Alkohol	Zeile 1 – Zeile
Exzessives Trinken und Essstörungen	
Körperliche und soziale Folgen des Drogenkonsums	
Der Beginn der Therapie Probleme in der Kindheit als Ursache für die Drogensucht	
Probleme beim Entzug	
Der Beginn der B-Phase und Pläne für die Zukunft	

22 In einem gut aufgebauten Sachtext haben die einzelnen Sinnabschnitte eine Aufgabe (Funktion) für das Textganze.
Welche Funktion erfüllt der erste Sinnabschnitt für das Textganze? Kreuze an.

- ☐ Zusammenfassung
- ☐ Behauptung
- ☐ Einschränkung
- ☐ Hinführung zum Thema
- ☐ Definition bzw. Klärung eines Begriffs
- ☐ Vorwurf

23 Bei der Wiedergabe der einzelnen Sinnabschnitte eines Sachtextes kann auch die sprachliche Gestaltung des Textes untersucht werden.
Welche der folgenden Aussagen trifft deiner Ansicht nach für den Text über Saskia zu? Kreuze an und ergänze die mögliche Wirkung der von dir angekreuzten sprachlichen Auffälligkeiten.

- ☐ Der Satzbau des Textes ist eher einfach: Häufig werden Hauptsätze aneinandergereiht (parataktischer Satzbau).
- ☐ Der Satzbau ist hauptsächlich durch die Verschachtelung von Haupt- und Nebensätzen gekennzeichnet (hypotaktischer Satzbau).
- ☐ Die Ausdrucksweise (z. B. Wortwahl und Bildlichkeit) entspricht dem Niveau einer großen, überregionalen Tageszeitung.
- ☐ Wortwahl und Bildlichkeit sind häufig umgangssprachlich geprägt und nähern sich zum Teil der Vulgärsprache.

Mögliche Wirkung:

____

____

24 Die Analyse eines Sachtextes wird im Schlussteil eines Interpretationsaufsatzes unter anderem mit der möglichen Aussageabsicht (Intention) des Textes abgeschlossen. Bei der Formulierung der möglichen Intention greift man das in der Einleitung skizzierte Thema auf (vgl. die Aufgaben 18 und 19).
Formuliere nun die mögliche Intention des Textes „Alles ist tot irgendwie".

____

____

____

25 Der Schlussteil eines Interpretationsaufsatzes enthält neben einer Aussage zur möglichen Intention des Textes auch eine persönliche Stellungnahme. Diese bezieht sich direkt auf die Intention und wirkt zusätzlich dadurch lebendiger, dass der Schreibende sich zu besonders wichtigen oder auffälligen Zitaten äußert.
Nimm abschließend zum folgenden Zitat Stellung:
„Das Schöne an den Drogen ist, alles, was in einem arbeitet, Schule, Eltern, Probleme, alles ist abgeschaltet, du bist einfach nur frei." (Z. 61f.).

Auf einen Blick

Sachtexte verstehen – Die Verschriftlichung der Ergebnisse

Einleitung

- Textsorte (Kommentar, Rede, Bericht, Lexikonartikel…), Verfasser, Überschrift, Erscheinungsort und -jahr, Publikationsmedium
- Thema/Fragestellung/Problem/Sachbereich des Textes
- falls möglich: Kennzeichnung der Situation (z. B. eine politische Rede), der möglichen Adressaten, des Sprachstils
- eventuell: Nennen der Aufgabe

Einleitung oder Hauptteil

- Hinweise auf die Gliederung des Textes in Sinnabschnitte mit den entsprechenden Zeilenangaben („Der Text weist eine Zweiteilung auf, … lässt sich in vier Sinnabschnitte unterteilen")

Hauptteil

- Wiedergabe des Gedankengangs:

– durch Absätze und entsprechend den Sinnabschnitten gegliedert
– mit eigenen Worten, verständlich und möglichst wertungsfrei
– unter Verwendung von Zitaten
– mit Berücksichtigung der sprachlichen Gestaltung und der entsprechenden Wirkung
(„Aufällig ist in diesem Sinnabschnitt der betont sachliche Stil/die Häufung von rhetorischen Fragen/die Bildlichkeit/der stark umgangssprachliche Ton …
Dadurch wird die Aussage …")

Beachte: Ein optimales Ergebnis für den Hauptteil erzielst du, wenn du jeweils die Funktion der Sinnabschnitte für das Textganze kennzeichnest („Dieser Sinnabschnitt dient vor allem dazu, in das Problem einzuführen/enthält eine Behauptung/führt ein Argument an/definiert/schränkt ein/erhebt einen Vorwurf/führt einen Gedanken weiter/fasst zusammen …").

Schluss

- die mögliche Aussageabsicht (Intention) mit Bezug auf das in der Einleitung formulierte Thema
- eventuell: Bewertung der Darstellungsweise und Argumentation („Besonders schlüssig scheint mir …, wenig einleuchtend ist die Begründung …, störend wirkt …")
- Vergleich mit anderen Ergebnissen oder Standpunkten, die möglicherweise auch aus dem Unterricht bekannt sind
- persönliche Stellungnahme zum behandelten Thema

3. Grammatik

3.1 Sprache im Wandel

Während sich die germanischen Sprachen im Verlauf der ersten Lautverschiebung aus dem so genannten Indogermanischen entwickelten, bewirkte die zweite, die hochdeutsche Lautverschiebung die Herausbildung des Deutschen aus dem Germanischen. Dieser Prozess setzte etwa ab dem 6. Jahrhundert ein und führte über die Entwicklung des Althochdeutschen zum Mittelhochdeutschen und Neuhochdeutschen.

Der sprachliche Wandel des Deutschen ist bis heute nicht abgeschlossen und soll im Folgenden durch ein Textbeispiel in mittelhochdeutscher Sprache veranschaulicht werden: Das Beispiel zeigt, dass im Laufe der Jahrhunderte die Wörter ihre Bedeutung wandelten, in abgewandelter Form weiter benutzt werden oder aber ganz verloren gegangen sind, z. B. das mittelhochdeutsche Wort „missewende" für „Untat".

Das Nibelungenlied (um 1200), ein so genanntes Heldenlied oder Heldenepos, ist einer der bekanntesten mittelalterlichen Texte und wird bis heute in unterschiedlichen Fassungen nacherzählt, gelesen und aufgeführt.

Das Nibelungenlied umfasst über zweitausend vierzeilige Strophen. Jede Strophe besteht aus vier Langzeilen, die sich jeweils in zwei Halbzeilen gliedern. Das durchgängig verwendete Reimschema ist der Paarreim.

Der historische Hintergrund des Stoffes ist der Untergang des Burgundenreichs und der Tod des Hunnenkönigs Attila (Etzel) im Jahr 453. Die literarische Bearbeitung rückt Siegfried in den Mittelpunkt des Geschehens, der den Schatz des Nibelung erkämpft hat, den Hagen im Rhein versenkt. Siegfried ist treuer Gefolgsmann des Königs Gunther, was ihn nicht davor bewahrt, von seinen Feinden verstoßen und ermordet zu werden. Die Hauptfiguren des Versepos sind immer wieder durch *unmâze* (Maßlosigkeit) und *hochverte* (Stolz) gefährdet. Als Grundthema des Nibelungenliedes weist schon die erste Strophe auf die Erinnerung an Glanz und Elend berühmter Heldinnen und Helden hin:

1	Uns ist in alten mæren	wunders vil geseit
2	von helden lobebæren	von grôzer arebeit,
3	von fröuden, hôchgezîten,	von weinen und von klagen,
4	von küener recken strîten	muget ir nu wunder hœren sagen.

Zeile 1:	mæren = Geschichten, Erzählungen
Zeile 2:	arebeit = Anstrengung, Mühsal, Plage
Zeile 3:	hôchgezîten = Zeit höchster Herrlichkeit und Freude
Zeile 4:	recken = Abenteurer, Krieger, Helden

1 „Übersetze“ die erste Strophe des Nibelungenliedes aus dem Mittelhochdeutschen mithilfe der Worterklärungen in das heutige Deutsch.

2 Erarbeite einen Lesevortrag der ersten Strophe. Verwende dazu die folgenden Ausspracheekonventionen für das Mittelhochdeutsche:

- Alle einfachen Vokale mit Circumflex (^)
  und æ, œ und iu (= ü) werden lang gesprochen.
  Alle anderen einfachen Vokale sind kurz zu sprechen.
- Die Diphtonge sind als zwei Vokale zu sprechen, da sie echte Doppellaute darstellen (z. B. bein = be-in, boum = bo-um).
- Anlautendes „s“ vor Konsonant (sp, si, st, sw usw.) ist als einfaches /s/ zu sprechen.
- Mhd. (Mittelhochdeutsch) „h“ ist im Wort- und Silbenanlaut wie im Nhd. (Neuhochdeutschen) als Hauchlaut, im Auslaut sowie vor „s“ und „t“ als Reibelaut (ich/ach-Laut) zu sprechen.
- „z“ steht für zwei verschiedene Laute:
  – /ts/, wenn auch im Nhd. „z“ bzw. „tz“ steht (z. B. „sizzen“, „herze“)
  – /s/, wenn im Nhd. „ss“, „s“ oder „ß“ steht (z. B. „heizen“)

Das Nibelungenlied gliedert sich in 39 *Âventiuren* (Abenteuer). Der unten abgedruckte Beginn des 16. Abenteuers erzählt von der Ermordung Siegfrieds durch Hagen während einer Jagd. Zuvor hat der Mörder in Erfahrung gebracht, dass der durch Drachenblut fast unverwundbare Siegfried an einer Stelle verwundbar ist. Angeblich zu Siegfrieds Schutz hat Hagen diese Stelle durch ein *kriuze* (Z. 2) markieren lassen, ermordet ihn dann hinterrücks und verletzt durch diese Untat (*missewende*, Z. 4) die ritterliche Ehre zutiefst (Z. 4).

Nibelungenlied

16. Âventiure: Wie Sîfrit erslagen wart

Dâ der herre Sîfrit ob dem brunnen tranc,
er schôin durch das kriuze, daz von der wunden spranc
daz bluot im von dem herzen vaste an die Hagenen wât.
sô grôze missewende ein helt nu nimmer mêr begât.

Z. 3: vaste = fest, eng anschließend, nahe, stark, sehr
wât = ärmelloses Wams

3 Übertrage mithilfe der einleitenden Bemerkungen und der Worterklärungen zu Z. 3 den Text der ersten Strophe des 16. Abenteuers in heutiges Deutsch. Eventuell kannst du zur Bearbeitung der Aufgabe auf ein Herkunftswörterbuch (etymologisches Lexikon) zurückgreifen, in dem die Geschichte der deutschen Wörter und Fremdwörter von ihren Ursprüngen bis in die Gegenwart erläutert wird.

3.2 Wortarten

Der weitaus größte Teil unseres Wortschatzes, der etwa 350 000 Wörter umfasst, entfällt auf die Hauptwortarten. Deshalb beziehen sich die folgenden Übungen im Wesentlichen auf das Verb (Aufgaben 1–9) sowie auf Nomen und Adjektiv (Aufgaben 10–13). Drei abschließende Übungen (14–16) beziehen auch die sieben weiteren Wortarten (vgl. die Tabelle auf S. 53f.) mit ein.

1 Zu den infiniten Formen eines Verbs gehören Infinitiv, Partizip I und Partizip II. Gib hinter den Verbbeispielen die richtige infinite Verbform an:

Infinite Verbform	Bezeichnung
gelacht	
lachen	
lachend	

2 Ergänze die folgende Tabelle um die zutreffende Angabe der finiten Verbform:

	Beispiel	Finite Verbform
Person und Numerus	ich lese ihr lest	1. Person Singular
Tempus	du kommst	
	wir waren gekommen	Plusquamperfekt
	sie werden kommen	
Handlungsart (Aktiv oder Passiv)	er/sie/es trägt	
	ich wurde getragen	
Modus	Schreibt!	
	er schreibt	
	Sie sagt, sie <u>gehe</u> ins Kino.	

3 Person und Numerus sind meist an der Endung des Verbs zu erkennen: du schreib-st. Bei der Wahl der richtigen Verbendung muss man darauf achten, ob das Subjekt des Satzes im Singular oder Plural steht.
Entscheide, ob die Verbendung richtig ist:

	richtig	falsch
Da komm**t** der Trainer und seine Spieler.		
Die Mehrzahl der Schülerinnen stimm**en** für den Antrag.		

4 Bilde die folgenden Verbformen von „tragen" im Indikativ:

Person/Tempus/Handlungsart	
1. Ps. Singular Präsens Aktiv	ich trage
1. Ps. Plural Futur I Aktiv	

1. Ps. Plural Plusquamperfekt Aktiv	wir hatten getragen
2. Ps. Singular Präteritum Passiv	
2. Ps. Singular Perfekt Passiv	
2. Ps. Plural Perfekt Aktiv	
1. Ps. Singular Präsens Passiv	
1. Ps. Singular Präteritum Aktiv	
1. Ps. Plural Futur I Passiv	
3. Ps. Plural Plusquamperfekt Passiv	
1. Ps. Singular Futur II Aktiv	
1. Ps. Singular Futur II Passiv	

5 Bestimme Person, Numerus, Tempus und Handlungsart der folgenden finiten Verbformen von „rufen".

ich rief	1. Ps. Singular Präteritum Aktiv
du bist gerufen worden	
er/sie/es wird gerufen	3. Ps. Singular Präsens Passiv
ihr hattet gerufen	
wir werden gerufen	
ich werde rufen	
du wirst gerufen haben	
ihr ruft	
er/sie/es hat gerufen	
wir wurden gerufen	
du warst gerufen worden	
ich werde gerufen worden sein	

6 Bestimme in den folgenden Sätzen das Tempus und die Handlungsart.

Der Brief wurde am Samstag eingeworfen.	Präteritum/Passiv
Ich habe den Brief persönlich zur Post gebracht.	
Er wird hoffentlich bald bei dir ankommen.	
Ein Paket war nicht pünktlich zugestellt worden.	

7 Das Passiv stellt einen Vorgang (Vorgangpassiv/„werden"-Passiv) oder einen Zustand (Zustandspassiv/„sein"-Passiv) in den Vordergrund. Häufig wird statt des Vorgangspassivs das Zustandspassiv benutzt.
Lies dazu das folgende Beispiel und kreuze an:

„Wurde der Verdächtige festgenommen?"
„ Ja, er ist festgenommen worden." (Vorgangspassiv)
„Ja, er ist festgenommen." (Zustandspassiv)

☐ Durch die Vereinfachung der Form wirkt das Zustandspassiv geläufiger und nähert sich dem tatsächlichen Sprachgebrauch an.

☐ Das Zustandspassiv beschreibt das Ergebnis der Handlung genauer.

☐ Es gibt keinen Unterschied zwischen den beiden Passivformen.

8 Die Tempusformen eines Verbs dienen der Zeitenbildung; häufig werden darüber hinaus auch Zeitfolgen ausgedrückt. - So wird das Plusquamperfekt verwendet, um ein vergangenes Geschehen zu beschreiben, das sich noch vor einem anderen Geschehen ereignet hat.
Bilde mithilfe der in Klammern angegebenen Verben die richtige Zeitenfolge:

- (erklimmen, genießen):

  Nachdem wir den Gipfel ______________________________,

  ______________________ wir die herrliche Aussicht!

- (erkennen, anhalten):

  Er ______________________ den Fahrer, nachdem dieser seinen

  Wagen ______________________.

- (gehen, reparieren):

  Bevor Anita ins Kino ______________________, hatte sie

  ihr Fahrrad ______________________.

9 Finite Verbformen zeigen Person und Numerus, Tempus und Handlungsart (Aktiv oder Passiv) eines Verbs an. Eine vierte Ausdrucksmöglichkeit des Verbs ist der Modus, bei dem neben dem Imperativ noch Indikativ und Konjunktiv I und Konjunktiv II unterschieden werden. Wichtig ist der Konjunktiv I zur Wiedergabe von Aussagen anderer, der so genannten indirekten Rede.
Gib die folgenden Aussagen mithilfe des Konjunktiv I in der indirekten Rede wieder.

Beispiel	Wiedergabe in indirekter Rede
Ronja sagt: „Er kommt um acht Uhr an."	Ronja sagt, er komme um acht Uhr an.
Kurz darauf hieß es: „Er ist angekommen."	Kurz darauf hieß es, er ______________________.
Simon fragte: „Darf ich mitkommen?"	Simon fragte, ob er ______________________.
Ronja sagte: „Er hat noch nicht gegessen."	Ronja sagte, dass ______________________.

„Ich werde bald wiederkommen."	Er versprach ihr, dass er bald ______.
Simon sagte zu ihr: „Ich kann für dich einen Kuchen backen."	Simon sagte, er ______ ______.

10 Ein Sprecher bezieht sich auf den folgenden Zeitungsbericht:

ELEKTRONISCHES SPIELZEUG

Egal, ob Computerspiel, Musikkonsole oder Autorennbahn: Es ist die Bewegung, das Lebendige, das fasziniert. Der Grund dafür liegt auf der Hand: Die intellektuelle Entwicklung des Menschen beginnt mit der Bewegung. Schon im ersten Lebensjahr reagieren wir darauf, etwa wenn die Mutter lächelt oder der Vater mit dem Kopf nickt. Was hingegen statisch wirkt, ist bedeutungslos. Umso spannender ist ein Objekt, das auf uns reagiert und unsere eigenen Kräfte potenziert – beispielsweise ein Rennauto. Das finden übrigens auch Erwachsene immer noch spannend, denn der Spieltrieb geht auch im Alter nicht ganz verloren. (ms)

Gib die Aussagen des Berichts mithilfe des Konjunktiv I in der indirekten Rede wieder.

11 Übe die Deklination (Fallsetzung) des Nomens, indem du folgende Formen von „der Tanz" und „das Buch" bildest:

Nominativ Singular	der Tanz
Akkusativ Plural	
Genitiv Plural	
Dativ Plural	
Dativ Singular	
Nominativ Plural	
Akkusativ Singular	
Genitiv Singular	

Dativ Singular	
Nominativ Plural	
Akkusativ Singular	das Buch
Genitiv Plural	
Akkusativ Plural	
Genitiv Singular	
Nominativ Singular	
Dativ Plural	

12 Bestimme die folgenden Nomen nach Kasus, Numerus und Genus:

	Kasus	Numerus	Genus
des Teppichs			
den Steinen	Dativ	Plural	
der Rose	Genitiv oder Dativ		
den Teppich	Akkusativ		maskulinum
die Bilder	Nominativ oder Akkusativ		neutrum
die Rosen			
den Bildern			
den Rosen			
der Steine			
dem Teppich			
der Bilder			
den Stein			

13 Bestimme den Kasus der unterstrichenen Nomen:

- Sie besuchten die Ausstellung, die einen Tag zuvor eröffnet worden war.

  (die Ausstellung = ______________________________)

- Die Bergsteiger erkletterten den Berg über die Nordwand.

  (die Bergsteiger = ______________________________)

  (den Berg = ______________________________)

- Der Siegerin wurde ein Pokal überreicht.

  (Der Siegerin = ______________________________)

- Sie erinnerten sich eines Erlebnisses, das sie vor vielen Jahren hatten.

  (eines Erlebnisses = ______________________________)

14 Ergänze die folgende Tabelle, indem du die Steigerungsstufen der angegebenen Adjektive einträgst:

	Positiv (Grundstufe)	Komparativ (Vergleichsstufe)	Superlativ (Höchststufe)
warm			
feucht			
gut			

15 Bestimme die Wortart der unterstrichenen Wörter in der Tabelle.
Eine Übersicht über alle Wortarten mit Beispielen findest du in der Tabelle auf Seite 53f..

Gefährdete Freundschaft

Zwei Freunde wanderten durch einen Wald und sahen im abendlichen Dämmerlicht plötzlich einen großen Bären zwischen den Bäumen stehen.
Ohne sich um seinen Weggefährten zu kümmern, der eine verletzte Hand hatte, kletterte einer der Freunde auf einen Baum. Der zurückgelassene Freund sah keinen anderen Ausweg, als sich totzustellen. Er rührte sich auch dann nicht, als er den heißen Atem des Bären, der ihn beschnüffelte, auf seinem Gesicht spürte. Da der Bär den auf dem Waldboden liegenden Mann offensichtlich für tot hielt und Bären Tote nicht anrühren, trottete er schließlich davon.
Erst jetzt kletterte der Freund von seinem sicheren Zufluchtsort herunter und fragte seinen Begleiter: „Was hat dir der Bär ins Ohr geflüstert?"
Die Antwort des Freundes wollte der Erzähler dieser Begebenheit nicht überliefern …

Beispiel	Wortart
Freundschaft	Nomen
zwei	
Dämmerlicht	
plötzlich	
kümmern	
der	
der	
einen	
sich	
als	
ihn	
auf	
und	
nicht	
er	
seinen	
hat	
wollte	

16 In einigen Sprachen werden Adjektiv und Adverb durch eine Endung deutlich voneinander unterschieden:

Englisch: clear (Adjektiv)	clear**ly** (Adverb)
Französisch: clair (Adjektiv)	claire**ment** (Adverb)
Lateinisch: clarus (Adjektiv)	clar**e** (Adverb)

Im Deutschen werden Adverbien nicht von einem Adjektiv abgeleitet, sondern bilden eine eigene Wortart.

Sie unterscheiden sich vom Adjektiv dadurch, dass sie im Satzzusammenhang ihre Form immer beibehalten.
Adverbien werden sehr häufig für adverbiale Bestimmungen verwendet und kennzeichnen dann das Geschehen eines Satzes näher (Ort, Zeitpunkt …).

Ich gehe **heute** nicht zum Sport.
Dort steht mein Fahrrad.

Adjektive können ihre Form verändern, indem sie z. B. dekliniert werden. Sie können im Satzzusammenhang folgende Aufgaben übernehmen:

1. Sie kennzeichnen als Attribut, das kein eigenes Satzglied ist, ein Nomen näher.
   Der kleine Junge verscheucht die Tauben.
2. Sie bilden ein Prädikativ und kennzeichnen im Zusammenhang mit den Hilfsverben sein, werden oder gelten das Subjekt näher.
   Der Junge ist klein.
3. Sie bilden eine adverbiale Bestimmung und bestimmen das im Satz ausgedrückte Geschehen näher.
   Der Junge singt laut ein Lied.

Entscheide, ob es sich bei den unterstrichenen Wörtern um ein Adjektiv oder um ein Adverb handelt. Schreibe bei einem Adjektiv dahinter, welche Aufgabe es im Satzzusammenhang übernimmt.

- Er fuhr schnell auf mich zu. ______________________
- Ich habe ihn gestern noch gesehen. ______________________
- Sie drückte sich klar aus. ______________________
- Ich werde dich niemals vergessen, Kunigunde. ______________________
- Die roten Rosen duften angenehm. ______________________
- Im Winter kommt es oft zu Unfällen. ______________________
- Sie verkauften auf dem Sommerfest leckere Waffeln. ______________________
- Kannst du mir noch einmal verzeihen? ______________________
- Ich gehe donnerstags immer zum Judo. ______________________
- Maike ist manchmal jähzörnig. ______________________
- Das stört ihren harmoniebedürftigen Vater. ______________________
- Immer nimmt sie sich vor, sich zu bessern. ______________________

3.3 Satzlehre

Die Übungen 1 und 2 dieses Kapitels beziehen sich auf die Bestimmung von Satzgliedern. Daran schließen sich Aufgaben zur Bearbeitung von Nebensätzen an (3–5). Im abschließenden Teil dieses Kapitels geht es darum, häufig auftretende grammatische Fehler zu erkennen und entsprechende Beispiele zu überarbeiten (6–8).

1 Einzelne Wörter oder Wortgruppen innerhalb eines Satzes, die sich bei der Umstellprobe verschieben lassen, bilden ein Satzglied.
Führe für die beiden folgenden Sätze jeweils drei Umstellproben durch und markiere anschließend die Satzglieder durch einen Schrägstrich.

Beispiel:

- Die Kinder spielen auf der Wiese Fußball.

  Auf der Wiese spielen die Kinder Fußball.

  Fußball spielen die Kinder auf der Wiese.

  Spielen die Kinder Fußball auf der Wiese?

  Ergebnis: Die Kinder/spielen/auf der Wiese/Fußball.

- Sabine traf ihren Freund gestern in der Eisdiele.

  ____

  ____

  ____?

  Ergebnis: *Sabine/* ______________________________

  ____

- Die Schwester seines besten Freundes ging abends mit ihm ins Kino.

  ____

  ____

  ____?

  Ergebnis: __________________________________

2 Bestimme in den folgenden Sätzen die unterstrichenen Satzglieder. Einen Überblick über alle Satzglieder findest du auf Seite 61f..
Beispiel:

- Tim und Struppi nahmen die Verfolgung auf.

  Wer (oder was) nahm die Verfolgung auf?

  Tim und Struppi = Subjekt

- Sie näherten sich dem Schiff.

  ______________________________ näherten sie sich?

  dem Schiff = ______________________________

- Der Besuch der Vorstellung hatte sich gelohnt.

  ______________________________?

  Der Besuch der Vorstellung = ______________________________

- Sie wollten den Motorradfahrer verfolgen.

  Was geschieht? ______________________________

  wollten … verfolgen = ______________________________

- Der Motor sprang nicht an.

  Was geschieht? ______________________________

  sprang … an = ______________________________

- Simon ruft seiner Freundin einen Gruß zu.

  ______________________________ ruft Simon seiner Freundin zu?

  einen Gruß = ______________________________

- Weit vor der Küste bohrten sie nach Öl.

  ______________________________?

  nach Öl = ______________________________

- Der Erfolg war gewiss.

  ______________________________?

  gewiss = ______________________________

- Er verschwand hinter dem Vorhang.

  ______________________________?

  hinter dem Vorhang = ______________________________

- Sie lagerten mehrere Stunden am See.

  ______________________________?

  mehrere Stunden = ______________________________

3 Unterstreiche in den folgenden Satzgefügen den Nebensatz und kennzeichne das Prädikat des Nebensatzes farbig:

- Er stellte sich vor, dass der Wanderer das verlassene Haus betreten könnte.
- Er machte, obwohl er ein großer Hund gewesen war, niemandem Angst.
- Nachdem er zum Betreten der Brücke gezwungen worden war, erkannte er die Ausmaße der unter ihm liegenden Schlucht.

4 Nebensätze übernehmen die Rolle eines Satzgliedes.
Forme die unterstrichenen Satzglieder bzw. Satzgliedteile (Attribute) der folgenden Sätze zu Nebensätzen um.
Beispiel:
<u>Nach der Party</u> komme ich sofort zu dir.
Wenn die Party zu Ende ist, komme ich sofort zu dir.

- Das <u>sehr scheue</u> Tier betrat witternd die Lichtung.

  Das Tier, das ____

  ____

- <u>Trotz des Regens</u> verließ er die Hütte und setzte seinen Weg fort.

  ____

  ____

- Sie warteten vergeblich <u>auf seine Rückkehr</u>.

  Sie warteten vergeblich darauf, ____

  ____

5 Kennzeichne in den folgenden Satzgefügen die Haupt- und Nebensätze durch „HS“ und „NS“. Ein geteilter Hauptsatz erhält die Bezeichnung HS 1/HS 2 und ein von einem anderen Nebensatz abhängiger Nebensatz wird mit NS 2 bezeichnet.

Beispiel:

Sie verliebte sich,	HS 1
weil er sie aufmerksam pflegte,	NS
als sie bettlägerig war,	NS 2
auf der Stelle in ihn.	HS 2

■ Als Tim das Schiff noch einmal untersuchen wollte,	
traf er unvorbereitet auf Rastapopulos,	
der sofort seinen Revolver zog.	
■ Einen Moment hatten beide das Gefühl,	
dass es nie eine Trennung gegeben habe.	

- Tim betrachtete die Kristallkugeln, [ ]
  die vor ihm in dem Kästchen lagen, [ ]
  so aufmerksam und konzentriert, [ ]
  dass er den Mann neben sich nicht bemerkte. [ ]
- Er versteckte sich im Seiteneingang des leer stehenden Gebäudes, [ ]
  obwohl er nicht zu befürchten hatte, [ ]
  dass er verfolgt wurde. [ ]

6 Die folgenden Sätze, die im Wesentlichen aus Klassenarbeiten bzw. Klausuren stammen, sollen grammatisch und stilistisch überarbeitet werden.
Ersetze dazu die unterstrichenen Ausdrücke und formuliere neu.

- *Mir gefällt die Erzählung, weil sie die Angst der Hauptfigur gut <u>rüberbringt</u>.*

  ____

  ____

  ____

- *So sieht der Leser, dass die Figur <u>sehr doll</u> nachdenkt.*

  ____

  ____

  ____

- *Dieses Verhalten wirkt <u>irgendwie</u> übertrieben.*

  ____

  ____

  ____

7 Die folgenden Aussagen sollen sprachlich korrigiert und durch sachgerechte und differenzierte Formulierungen ersetzt werden.

- Die Geschichte formuliert Merkmale, die eine Parabel kennzeichnen.

  ____

  ____

- In der zweiten Strophe geht das Schiff unter.

  ____

  ____

- Eine Parabel beschäftigt sich mit einer lehrhaften Tendenz.

- Schon beim Eintreten des älteren Gebäudes überkommen ihn Fragen.

- Eine Parabel beginnt ohne jegliche Vorbereitung.

- Der Tod des Ich-Erzählers wird nur belanglos erwähnt.

- Es stellen sich ihm Fragen, die sehr rhetorisch dargestellt sind.

- Im letzten Vers stirbt die Hauptfigur.

8 Satzeinheiten bis zu 15 Wörtern Länge können von Leserinnen und Lesern besonders leicht aufgenommen werden. Eindeutig zu lang und kompliziert sind Satzgefüge, bei denen man an den Satzbeginn zurückgehen muss, um den Gedanken zu verstehen.
Versuche die Aussage der folgenden Satzgefüge durch einen veränderten Satzbau zu präzisieren.

- Der Weg führte zum Schloss, das in der Sonne lag, hinauf.

- Das Dach wies Schäden, die man leicht hätte vermeiden können, wenn ein Dachdecker rechtzeitig informiert worden wäre, auf.

- Der Inspektor rief, nachdem ihm der Unbekannte, dessen Kleidung vom Regen völlig durchnässt war, berichtet hatte, dass er seinen Verfolgern, die ihn seit Stunden nicht aus den Augen gelassen hatten, entkommen war, seinen Mitarbeiter an.

- Er zögert, das Haus seiner Eltern zu betreten, nachdem er den Hof betreten hat, und traut sich auch nicht, die Küche, in der sich seine Eltern vermutlich aufhalten, zu betreten.

- Das Herrenhaus, das an einem See lag, der mitten in einem Tal künstlich angelegt worden war und der von Büschen und Bäumen umsäumt wurde, schien menschenleer.

- Der Ausblick, den der Wanderer, der den Felsvorsprung betreten hat, genießt, ist überwältigend.

3.4 Zeichensetzung

1 Schreibe den Text auf Seite 65 ab und ergänze dabei die fehlenden Satzzeichen.

2 Setze im folgenden Satz die Kommas so, dass zwei unterschiedliche Bedeutungen entstehen:

Patrick sagte Marco sei ein guter Flügelstürmer.

Patrick sagte Marco sei ein guter Flügelstürmer.

3 Entscheide, ob in den folgenden Sätzen ein Komma stehen muss oder nicht. Beachte dabei die Regeln zur Kommasetzung zwischen Wörtern und Wortgruppen (S. 66).

- Er wird den Brief entweder persönlich einwerfen oder jemanden beauftragen.
- Der April war zwar warm aber für die Jahreszeit viel zu trocken.
- Sie liest nicht nur gerne Bücher sondern schreibt auch eigene Texte.
- In seiner Freizeit liest er viel und geht auch gern ins Kino.
- Er verfolgte den Unbekannten verlor ihn jedoch bald aus den Augen.
- Wir sollten uns noch einmal treffen bzw. schon jetzt einen neuen Termin vereinbaren.
- Ich bin weder bei Saskia noch triffst du mich bei Karen.

4 Setze die fehlenden Kommas. Beachte dabei die Regeln zur Kommasetzung zwischen Hauptsätzen und in Satzgefügen (S. 66f.).

- Der Brief den ich heute bekam enthält gute Nachrichten.
- Sie tanzte und sie lachte.
- Er weiß nicht ob er in den Ferien verreisen wird oder ob er zu Hause bleiben soll.
- Man fand heraus dass sich der Mann von einem Arzt der etwas davon verstand die Brusthaut auf die Fingerkuppen hatte übertragen lassen.
- Mich hält wenn draußen die Sonne scheint nichts im Haus.
- Obwohl die meisten Leute in Eile waren kauften sie den Kindern die sich sehr darüber freuten die Blumen ab.
- Till bestieg das Seil das straff gespannt war und rief den Leuten zu dass jeder ihm seinen linken Schuh heraufreichen solle.
- Charlie der einen Verband um den Kopf trägt trifft seine Freundin Vicky und er fragt sie ob sie ihn begleiten könne.

5 Setze die fehlenden Kommas und beachte dabei die Kommasetzung bei Einschüben, nachgestellten Erläuterungen, bei Anreden und Ausrufen (S. 67).

- Dann er hat die Melodien noch heute im Ohr begann das Konzert.
- Er verließ die Hütte in Richtung See entgegen aller Vernunft und ganz allein.
- Dieser Sonnenaufgang der war überwältigend.
- Er wollte mit Otto seinem besten Freund den Gipfel noch vor Mittag erreichen.

- Am Montag dem 21.03. erforschten sie zum ersten Mal das neu entdeckte Höhlensystem.
- Er war gern unterwegs besonders am Samstag.

6 Vor allem in Sätzen, die besonders umfangreiche Satzglieder aufweisen, werden häufig zu viele Kommas gesetzt.
Vermeide dies bei den folgenden Beispielen, indem du dich ausschließlich an den Regeln zum Komma in Satzgefügen orientierst (S. 66); setze dann insgesamt drei Kommas.

- Mit dem Sportwagen aus der letzten Produktion eines französischen Herstellers machte er im tschechischen Marienbad großen Eindruck.
- Das Blätterdach einer Buche die etwa 100 Jahre alt ist hat mit rund 1600 Quadratmetern Blattoberfläche die Ausdehnung einer mittelgroßen Turnhalle.
- Bei der Photosynthese nehmen Pflanzen mit ihren Blättern die Sonnenenergie auf und produzieren dabei Sauerstoff den die Menschen zum Atmen brauchen.

7 Ergänze in den folgenden Sätzen die Zeichen für die wörtliche Rede und alle anderen Satzzeichen.

- Kannst du mir bei den Aufgaben die wir für die Arbeit üben sollen helfen fragte Anita
- Legt das Gepäck ab rief er und lauft sofort zum Ausgang
- Am Dienstag werden wir einen Ausflug unternehmen sagte meine Mutter als sie uns die Tür öffnete
- Haben Sie auch wirklich fragte sie besorgt alle Unterlagen die wir für die Besprechung benötigen sorgfältig verstaut
- Achtet genau darauf schärfte der Inspektor seinen Mitarbeitern ein aus welcher Richtung das Auto kommt notiert das Kennzeichen die Farbe und den Fahrzeugtyp
- Wo ist das Notizbuch fragte er Sie sagte Ich habe es dir gestern nachdem ich nach Hause gekommen war und etwas gegessen hatte auf deinen Schreibtisch gelegt

8 In den folgenden Sätzen geht es um die Kommasetzung bei Infinitivgruppen. Trage die fehlenden Zeichen ein.

- Erinnern Sie mich bitte daran das Protokoll noch zu schreiben.
- Anstatt zu lernen werde ich heute ins Kino gehen.
- Mit der Absicht nie wieder zu schnell zu fahren setzte sie sich wieder hinter das Steuer.
- Er versprach ihr beim Abschied während der Klassenfahrt an sie zu denken.
- Während des Tests ist es verboten mit dem Nachbarn zu sprechen.
- Nehmen Sie bitte die Möglichkeit wahr mit dem Nahverkehrszug zu fahren.
- In der Fußgängerzone äußerst vorsichtig zu fahren das ist selbstverständlich.
- Ich komme nicht um nur zu reden ich will eine Entscheidung herbeiführen.

4. Rechtschreibung

4.1 Richtig schreiben – warum?

1 Auf Seite 69 werden unter anderem Gründe genannt, warum es sinnvoll sein kann, die Rechtschreibung möglichst gut zu beherrschen. Der folgende Briefauszug stammt von einem mittelständischen Unternehmen und ist an die Schulen vor Ort gesendet worden. In dem Brief beschwert sich das Unternehmen über die mangelhafte Ausbildung der Schulabsolventen … und macht dabei eine Vielzahl von Fehlern!
Finde die Fehler in dem Schreiben.

An die
Schulleitung der
Realschule […]
Paul Schneider Strasse 3
[…]

In diesem Schreiben werden aus Datenschutzgründen keine weiteren Namen genannt. Wir werden keine Auskünfte über Schüler/innen erteilen. Über eine Stellungnahme zu diesem Schreiben wären wir Ihnen sehr verbunden. Stellungnahmen richten Sie bitte an […].
Auswertung eines Test für Berufsanfänger:
Im Zuge der Vergabe eines Ausbildungsplatz für technische Zeichner/in wurden 14 Bewerber/in zu einem Fähigkeitstest in das Unternehmen […] eingeladen. Der Test wurde von einem Unternehmen welches sich speziell mit Ausbildungsprogrammen beschäftigt erworben. Die Bewerber/innen besaßen einen Schulabschluss vom Typ Hauptschule 10 B oder hochwertiger […]. Das Testergebnis ist sicher nicht auf Schule, Schulform oder die Persönlichkeit des/der Bewerber/in zurückzuführen da hier ein breites Spektrum aller Kriterien vorliegt. Das Ergebnis stellt sich wie folgt da:
[…]
Um einen Einblick in den Schwierigkeitsgrad der Aufgaben zu vermitteln, sein hier einige Aufgaben aufgeführt: Leistung eines Kraftfahrzeugs, elektrische Spannung in einer Steckdose, elektrischer Wiederstand eines Lautsprechers […].

2 Die folgenden Textbeispiele – die ersten 16 stammen alle aus Klassenarbeiten und Klausuren – weisen häufige Fehler auf. Viele der Fehler beziehen sich auf Bereiche, die du unter 4.2 und 4.4 des Trainingsteils systematisch bearbeiten kannst.
Markiere den Fehler und notiere die verbesserte Version am Rand:

- Zunächst beschreibt das Lyrische Ich die Umgebung. — *das lyrische Ich* ________
- Im gegensatz zum Gleichnis erfolgt keine direckte Verknüpfung … ________
- Er betrachtet sich als Aussenstehenden. ________

- „Sonntagnachmittag“ ist ein expressionistisches Gedicht, dass mit vielen Metaphern ein Bild der Großstadt entwirft. ______________________
- Der Autor stellt das von ihm subjektiv wahrgenommene dar. ______________________
- Die Darstellung des alltäglichen erfolgt durch einen subjektiven Filter. ______________________
- Er verließ die Schule, um Maschienenbauer zu werden. ______________________
- Er will etwas morsches zerstören. ______________________
- Sie berichtet über ein Kind, dass sich beim Essen bekleckert hat. ______________________
- Bromden traut es sich zu, den Schaltkasten aus der Verankerung zu reissen. ______________________
- Das war nicht er selbst und dass weiß er jetzt. ______________________
- Aus allem bösen versucht er jetzt, etwas positives zu ziehen. ______________________
- Er hat gehofft, das der Sohn den Betrieb übernimmt. ______________________
- Das Gespräch zwischen Bärlach und Gastmann ist von einer Atmosphere geprägt, die den Leser … ______________________
- Das Zitat spiegelt den inneren Frieden der Figur wieder. ______________________
- Er projeziert seine Gefühle auf seine Partnerin. ______________________
- Sri Lanka. Ein Land zum verlieben. (aus einer Anzeige einer überregionalen Tageszeitung) ______________________
- … schicken wir Ihnen den Beitrag in der Hoffnung, das er Ihnen gefällt … (aus einem Brief eines Zeitschriften-Verlegers) ______________________
- Interpretieren Sie die vorliegende Quelle, in dem Sie darlegen, welche Aufgaben der aufgeklärte Staat hat. (aus der Aufgabenstellung für eine Geschichtsklausur) ______________________

- Ihr Konto weißt ein Soll von … auf
  …
  Mit freundlichen Grüssen …
  (aus einem Brief einer großen deutschen Bank) ______________________

- Bitte schwenkt diese Fahnen beim einlaufen der Mannschaften.
  (aus einem Bundesligastadion) ______________________

- … ist eine einzigartige Komposition mit erlesenen Zutaten: Eine weisse Mandel, eingebettet in feine Milchcreme, …
  (aus einem Werbetext) ______________________

3 Auch die dritte Aufgabe dieses Kapitels ermöglicht dir die Überarbeitung eines fehlerhaften Textes; der Text ist von mittlerer Länge und durchschnittlichem Schwierigkeitsgrad.
Korrigiere Rechtschreib- und Zeichenfehler, indem du die richtige Schreibweise bzw. ein fehlendes Komma jeweils darunter notierst.

Eine Liebesgeschichte

Vielleicht hast du davon gehört das sich vor einiger Zeit hier in der Nähe etwas unmögliches ereignet hat … Es war so, das sich das Fragezeichen und das Rufzeichen ineinander verliebten, und sehr glücklich waren. Doch der Punkt und der Beistrich, der Bindestrich und der Strichpunkt waren darüber sehr entsetzt. „Nie kann dass gut gehen!“ sagten sie bestimmt zum Rufzeichen und zum Fragezeichen. „Einer kerzengerade und einer doppelt krumm gebogen, dass passt nicht zusammen!“

So lange redeten sie auf das Rufzeichen und das Fragezeichen ein, bis die Beiden es sich zuherzen nahmen und dachten: „Wenn das so ist dann muss ich mich anpassen. Für meine große Liebe bin ich zu allem fähig.“ Ganz heimlich schlich das Rufzeichen zum Schriftsetzer und liess sich von dem auf ein Fragezeichen verbiegen. Und das Fragezeichen schlich ebenso heimlich zum Schriftsetzer und ließ sich auf ein Rufzeichen strecken.

Durchs verbiegen wurde aus dem Rufzeichen natürlich ein sehr kleines Fragezeichen und durchs strecken wurde aus dem Fragezeichen natürlich ein sehr grosses Rufzeichen. Und als sie dann einander – auf klein verbogen und groß gestreckt – erneut sahen, fingen sie zu weinen an. „Ich kann keinen lieben der viel kleiner ist als ich!“, schluchzte das große Rufzeichen. Dann gingen sie auseinander. Und der Punkt, der Beistrich der Bindestrich und der Strichpunkt nickten einander zu und riefen: „Wir haben es ja von Anfang an gewusst.“

4.2 Groß- und Kleinschreibung

1 Entscheide dich bei den eingeklammerten Begriffen für die Groß- oder Kleinschreibung und notiere die richtige Schreibweise.

- Das (auf-die-lange-bank-schieben) ______________________ von unangenehmen Aufgaben hilft nicht.
- Der Papst in Rom wird auch als (heiliger vater) ______________________ bezeichnet.
- Zwei Weltkriege prägten das 20. Jahrhundert. Der (erste weltkrieg) ______________________ dauerte von 1914–1918, der (zweite weltkrieg) ______________________ von 1939–1945.
- Wir möchten (ihrer) __________ Bitte nachkommen und (sie) __________ daran erinnern, dass (ihnen) ______________ …
- Sie wurden durch den (lübecker dom) ______________________ geführt.
- Nachdem sie eine Fahrt durch die (holsteinische schweiz) ______________ ______________ gemacht hatten, aßen sie abends in einem (chinesischen restaurant) ______________________.

2 In den folgenden Sätzen geht es um die richtige Schreibweise von Zahlwörtern, Mengen- und Zeitangaben.
Verfahre wie in Übung 1.

- Eines (abends) ______________ stand er plötzlich vor der Tür.
- Er ging (mittags) ______________ immer spazieren.
- Gestern (morgen) ______________ besuchte er mich das zweite (mal) ______________.
- Die beiden trafen sich (mehrmals) ______________ am See.
- Sie kannten sich von (klein auf) ______________________.
- Immer wieder (von neuem) ______________ schildert er den Ablauf, aber über (kurz oder lang) ______________ wird er sich in Widersprüche verwickeln.

- Bis (heute mittag) ________________ hat er sich nicht (ein einziges mal) ________________ gemeldet.

3 In der folgenden Übung geht es auch um nominalisierte Wortarten.
Ergänze die richtige Schreibweise jeweils hinter der Klammer.

- Sie (spielen) ________________ gerne im Wald.
- Heute holte er sie schon mittags zum (spielen) ________________ ab.
- Vom Hochsitz aus beobachteten sie etwas (interessantes) ________________.
- Das ist eine (gute) ________________ Sache.
- Für die Prüfung wünsche ich dir alles (gute) ________________.
- Viele Kinder besuchten die Vorstellung, die (kleinsten) ________________ saßen ganz vorn.
- Der (nächste) ________________ Spieler, der den Kabinengang verließ, trug die (sieben) ________________ auf der Brust.
- Nach dem Solo war im Saal ein beifälliges (raunen) ________________ zu hören.
- Sie erwog das (für und wider) ________________ und entschied sich schließlich für den Rock in (schwarz) ________________.
- Im (allgemeinen) ________________ antwortet er auf (englisch) ________.
- Im (übrigen) ________________, das betonte er immer wieder, habe er (vergleichbares) ________________ noch nicht erlebt.

4.3 Getrennt- und Zusammenschreibung

1 Entscheide dich bei den folgenden Verbindungen mit einem Verb für die Getrennt- oder Zusammenschreibung. Notiere die richtige Schreibweise hinter der Klammer.

- Er wird zu ihr (zurück/kommen) ______________________.
- Der Felsblock war den Abhang (herab/gestürzt) ______________________.
- Sie musste mit dem Nachtisch (vorlieb/nehmen) ______________________.
- So schnell sollte es nicht (vorbei/sein) ______________________.
- Sie wollten alles möglichst (leicht/nehmen) ______________________.
- Beim Üben sollten die Schüler (groß/schreiben) ______________________.
- Sollen wir (Volleyball/spielen oder spazieren/gehen) ______________________ ______________________?
- Sie wollten bald (zurück/sein) ______________________.
- Am Satzanfang werden die Buchstaben (groß/geschrieben) ______________________.
- Er durfte nicht (wider/sprechen) ______________________.
- Er wollte ihm nicht (lästig/fallen) ______________________.
- Er musste die Spitze im Holz (stecken/lassen) ______________________.
- Sie mussten (Auto/fahren) ______________________.
- Er neigte zum (Schlaf/wandeln) ______________________.
- Schon auf dem Parkplatz wollte sie ihm (entgegen/kommen) ______________________.

2 Notiere bei den folgenden Verbindungen mit einem Adjektiv oder Partizip die richtige Schreibweise hinter der Klammer.

- (Jahre/lang) ______________ dachte er an diesen Augenblick zurück.
- Er war (blau/äugig) ______________.
- Das (nass/kalte) ______________ Wetter machte ihnen zu schaffen.
- Ihm schmeckte die (extra/dünne) ______________ Pizza.
- Es war eine (lächerlich/kleine) ______________ Portion.
- Die Konturen traten (gestochen/scharf) ______________ hervor.
- Die Bedienungsanleitung war äußerst (schwer/verständlich) ______________.

4.4 s-Laute

1 Entscheide, ob die Schreibweise s, ss oder ß lauten muss.

- (Fa_t) ________________ wäre er zu spät gekommen.
- Sie hat nie Langeweile, weil sie gerne (lie_t) ________________.
- Er (go_) ________________ die (Teigma_e) ________________ (flei_ig) ________________ in die (Schü_el) ________________.
- Sie (fa_t) ________________ ihn bei der Hand.
- Der Zug (verlie_) ________________ den Bahnhof auf (Glei_) __________ eins.
- Dieses (Erlebni_) ________________ möchte er nicht missen.
- (Verro_tet) ________________ standen die Gegenstände auf dem Hof.
- Er (la_) ________________ in der Zeitung.
- Er (wei_t) ________________ den Matrosen an, der in der Sonne (dö_t) ________________.
- Tom (wei_t) ________________ den Zaun mit Kalkfarbe.
- Sein Konto (wie_) ________________ ein Defizit auf.
- Die (Flü_igkeit) ________________ (flie_t) ________________ über den Rand des (Holzfa_es) ________________ hinaus.
- Er blieb (au_en) ________________ vor.
- Das (Ergebni_) ________________ (erwei_t) ________________ sich als ein (bi_chen) ________________ (mi_lungen) ________________.

2 Setze „das" oder „dass" in die folgenden Lücken ein.

- _________ ist_________ gespenstisch wirkende Haus,_________ anscheinend unbewohnt ist.
- Wir vermuten,_________ der Besitzer ausgewandert ist.
- Wie verlassen_________ alles aussieht!
- _________ Fahrrad,_________ ich vor kurzem kaufte, hat sich bereits gut bewährt.

- In der Hoffnung,_________ sie ihn erwartete, betrat er das Café.
- _________ ist so und_________ soll nicht so bleiben.
- Wir gehen davon aus, _________ _________ Ergebnis feststeht.
- Ich freue mich,_________ der Postbote_________ Paket,_________ ich erst in der nächsten Woche erwartete, schon heute gebracht hat.
- Ich werde mich immer darüber freuen,_________ du mir_________ geschenkt hast.
- _________ sie gewinnen würden,_________ war für_________ heutige Spiel zu erwarten.

5. Grundfertigkeiten

5.1 Argumentieren und Erörtern

1 Immer weniger Jugendliche lesen regelmäßig eine Tageszeitung. Führe Gründe dafür an.

2 Welche Vorteile kann es auch für Jugendliche haben, regelmäßig eine Tageszeitung zu lesen? Sammle Argumente und ordne diese in einem zweiten Arbeitsschritt der Wichtigkeit nach in einer steigernden Folge.

3 Verfasse nun einen argumentativen Text, in dem die Argumente aus Aufgabe 2 ausformuliert und gegliedert wiedergegeben werden.

4 Lies den folgenden Text, der in einem Nachrichtenmagazin erschienen ist, genau durch.

Werbung in Schulen

[…] Das von Bund und Ländern mitgeförderte Programm „Schule ans Netz“ wäre ohne das finanzielle und materielle Engagement der Deutschen Telekom und zahlreicher anderer Sponsoren aus der Wirtschaft nicht möglich gewesen. Was spricht eigentlich dagegen, dass diese Firmen nun für ihren Einsatz auch in der Schule werben? Ich kann daran nichts Verwerfliches finden. Das Gleiche gilt für den Fall, wenn zum Beispiel Verlage und Buchläden Fachliteratur spenden oder der örtliche Fernsehhändler ein Videogerät zur Verfügung stellt. Dadurch verbessert sich die materielle Ausstattung der Schulen und somit auch die Lernsituation für die Schüler. Wenn dafür der Spender mit seinem Namen in der Schule durch ein Schild, einen Aufdruck oder durch die Nennung des Namens in der Schulzeitung werben kann, schadet das ganz bestimmt nicht der persönlichen und schulischen Entwicklung der Schüler. Im Gegenteil: Schüler lernen, wie unser Wirtschaftssystem funktioniert und dass auch Werbung dazugehört. Wenn Schüler gleichzeitig lernen, wie man mit der Vielzahl der täglichen Werbeversprechen umzugehen hat und dass nicht alles Gold ist, was glänzt, hat die Schule Zusätzliches geleistet. Schulen dürfen keine Litfaßsäulen werden. Es kommt auf das Maß und die Produkte an, für die geworben wird. Alkohol- und Tabakwerbung haben auch künftig nichts in den Schulen zu suchen. Zentrale Aufgabe der Schule ist und bleibt der Unterricht und das Erlernen von Wissen und Lerninhalten. Wenn Werbung diesen Zweck fördert, dann ist das gut. Dann ist Werbung in der Schule willkommen.

Welche Fragestellung für eine Erörterung lässt sich aus dem Artikel ableiten?

____

____

____

5 Markiere im Text die Argumente, die der Verfasser für seine Position formuliert.

6 Mit Aufgabe 4 hast du dir klargemacht, welche Frage im obigen Text erörtert wird, und durch Aufgabe 5 wurden die Argumente des Verfassers deutlich. Formuliere nun mindestens zwei Kontra-Argumente gegen die Position des Verfassers.

____

____

____

____

7 Für eine Erörterung zum Thema „Sollte Werbung in Schulen erlaubt sein?" hast du verschiedenen Argumente zusammengestellt.
Formuliere nun eine Einleitung zu einer Erörterung, die sich mit der oben genannten Frage beschäftigt. Die Einleitung enthält die Fragestellung der Erörterung und sollte das Interesse der Leser wecken, z. B. durch einen Hinweis auf einen aktuellen Anlass, ein persönliches Erlebnis oder einen Vergleich („gestern – heute").

8 Schreibe nun abschließend den Schlussteil einer Erörterung, in dem du deine eigene Meinung zur Themenfrage zum Ausdruck bringst.

5.2 Berichten und Protokollieren

Lies zunächst den folgenden Zeitungsartikel:

Meerjungfrau enthauptet

Kopenhagen (dpa). Der Kleinen Meerjungfrau in Kopenhagen wurde in der Nacht zum Dienstag zum zweiten Mal der Kopf abgesägt. Die 84 Jahre alte Bronzestatue nach dem Märchen von Hans-Christian Andersen war 1964 schon einmal enthauptet worden. Die Polizei der dänischen Hauptstadt konnte auch bei dem erneuten Anschlag trotz umfangreicher Suchaktionen nur feststellen, dass die Täter mit dem Haupt verschwunden waren. Ein Kameramann lieferte den Fahndern jedoch Aufnahmen von zwei jungen Rollschuhfahrern, die wegen ihres auffälligen Verhaltens am Tatort als mögliche Täter gelten. Gleichzeitig mit der Auswertung der Bilder suchten Taucher im Hafenbecken nach dem Kopf. Die seit 1913 auf einem Stein am Langelinie-Kai des Hafens sitzende Meerjungfrau gilt als Wahrzeichen der dänischen Hauptstadt und zieht jedes Jahr Millionen fotografierender Besucher an. Die nur 1,25 Meter hohe und unscheinbar wirkende Figur, die der Bildhauer Edvard Eriksen (1879–1959) nach dem Kopf einer Schauspielerin, dem freien Oberkörper seiner Ehefrau Eline und einer Fischflosse geformt hatte, war stets für jedermann zugänglich, wurde immer wieder bemalt und verlor 1984 zeitweilig auch den rechten Unterarm. Während der vor 20 Jahren abgesägte Original-Kopf bis heute verschwunden ist, gaben die Diebe des Armes ihre Beute mit einem Entschuldigungsbrief bei der Polizei ab.

1 Bei dem Text handelt es sich um einen Bericht.
Woran kann man das erkennen? Nenne mindestens drei Merkmale.

Innerhalb weniger Wochen wurde der oben geschilderte Fall aufgeklärt. Lies dazu die beiden folgenden Artikel:

Abgesägter Kopf ist wieder da

Kopenhagen (dpa). Der abgesägte Kopf der Kleinen Meerjungfrau in Kopenhagen tauchte gestern wieder auf und soll in den nächsten Tagen wieder angeschweißt werden.

Im Morgengrauen wurde der seit vier Tagen verschwundene Bronzekopf bei dem privaten Fernsehsender „TV Danmark“ abgegeben und später von Ordnungshütern abgeholt. Der TV-Sender hatte am Vortag eine Belohnung von 6 500 DM für das Auffinden des Kopfes ausgesetzt. Als Mittelsmann bei der Übergabe fungierte Kameramann Michael Forsmark, der danach Aufnahmen von einem maskierten Mann mit dem Bronzekopf zeigte. Er hatte auch als Erster den kopflosen Torso am Langelinie-Kai gefilmt. Unbekannte hätten ihn angerufen. Die wahrscheinlichen Täter seien zwei „sehr, sehr junge Männer“, sagte Forsmark.

Meerjungfrau: Kameramann verhaftet

Kopenhagen (dpa). Vier Wochen nach der „Enthauptung“ der Kleinen Meerjungfrau in Kopenhagen nahm die Polizei den Fernsehkameramann Michael Forsmark als mutmaßlichen Anstifter fest.

Ein Richter verhängte zwei Wochen Untersuchungshaft gegen den 31-Jährigen. Der frei arbeitende Kameramann ließ nach Meinung der Fahnder den Kopf der Figur in der Nacht des 6. Januar absägen, um sich mit „exklusiven“ TV-Bildern eine lukrative Einnahmequelle zu verschaffen. Er war in der Tatnacht nach angeblich anonymen Anrufen als Erster bei der enthaupteten Bronzefigur aufgetaucht. Drei Tage später filmte er, wie ein maskierter Mann nachts den Kopf am Eingang zu einer TV-Station ablegte. Poulsen gab an, mit seinen Bildern 26 000 Mark verdient zu haben.

2 Stelle dir nun das Verhör des Untersuchungsrichters mit dem Angeklagten vor und konzipiere die Kopfzeilen für das Protokoll des Verhörs.

Protokoll des ______________________ *vom* ______________________

Ort ____________ : ____

____

____

____

____

3 Verfasse nun ein Kurzprotokoll der Sitzung:
Nutze dazu die Informationen der beiden Zeitungsartikel und beachte, dass Beiträge in der Regel nicht wörtlich, sondern in indirekter Rede wiedergegeben werden (*„Der Angeklagte sagte, er habe …“*); auch können ähnliche Beiträge zusammengefasst werden (*Verschiedene Aussagen des Angeklagten bestätigten die Annahme …*).

5.3 Briefe und Bewerbungen schreiben

1 Lies das folgende Stellenangebot, in dem unter anderem ein sicherer Umgang mit der deutschen Sprache erwartet wird.
Korrigiere dann das Bewerbungsschreiben im Hinblick auf Sprachrichtigkeit und sprachliche Angemessenheit.

Möchten Sie gerne in Deutschlands ältestem Sportverlag arbeiten?
Wir suchen zur Verstärkung unseres Teams zum 1.6.2006

eine Auszubildende/

einen Auszubildenden

Wir erwarten:

- einen sicheren Umgang mit der deutschen Sprache sowie ein gutes Zahlenverständnis
- Kenntnisse der gängigen EDV-Programme
- Engagement, Flexibilität und Bereitschaft zur Arbeit in einem jungen Team und
- last but not least ein breites Interesse am Sport

Wir bieten:
Einen Ausbildungsplatz mit Perspektive in einer mittelständischen Verlagsgruppe, ein interessantes Arbeitsumfeld mit leistungsgerechter Vergütung und nette Kolleginnen und Kollegen.

Wenn Sie sich angesprochen fühlen, schicken Sie bitte Ihre kompletten Bewerbungsunterlagen mit Lichtbild an:

(... Verlag GmbH
Personalabteilung
Postfach ...
....................)

•
•
•
•

(… Verlag GmbH) Marienheide, den 06-03-01
Personalabteilung
Postfach (…)
56291(…)

•
•
•
•

Bernd Kaufmann
Am Bahnhof 15
56826 Gevelsberg
Tel (05347) 463221

•
•
•
•

Bewerbung um die Stelle eines Azubis

•
•

Sehr geehrte Mitglieder der Personalabteilung!

•

Ich besuche zurzeit die 10. Jahrgangsstufe und werde, wenn nichts schiefgeht und alles weiter bestens verläuft, im Mai meinen Abschluß Klasse 10 machen. Auf ihre Anzeige hat mich ein Freund hingewiesen, der meinte, das dass etwas für mich sei, zumal ich in meiner Freizeit hauptsächlich Sport treibe. Ausserdem betreue ich seid Jahren die Schüler-Fussball-Mannschaften unseres Vereins und organisiere unsere Vereinsfeste mit. Insgesamt glaube ich, dass ihr Angebot wie für mich gemacht ist!

•

Mit freundlichen Grüssen

B. Kaufmann

•
•
•
•

Anlagen
Lebenslauf mit Passfoto
Kopie des Halbjahreszeugnisses
Praktikumsbescheinigung
Nachweis über Vereinstätigkeit

2 Abgesehen von der sprachlichen Richtigkeit kann auch der Inhalt des Bewerbungsschreibens noch deutlich verbessert werden.
Überarbeite das Bewerbungsschreiben und beachte dabei – auch in dieser Reihenfolge – folgende Punkte:

- Nach der Anrede folgen üblicherweise ein Hinweis, woher die Information über das Stellenangebot stammt, und der eigentliche Bewerbungssatz;
- Angaben zur schulischen Situation, zum angestrebten Schulabschluss oder zur derzeitigen Tätigkeit;
- Begründung für den Ausbildungswunsch; Hinweise auf die individuelle Eignung mit Bezug auf die Stellenausschreibung;
- Hinweis auf bzw. Bitte um ein Vorstellungsgespräch.

5.4 Charakterisieren

„Die Abenteuer des Huckleberry Finn" (1884) von Mark Twain (1835–1910) ist eines der bekanntesten Werke der Weltliteratur. Auf dem Mississippi und an seinen Ufern erleben der 14-jährige Huck und sein Freund, der geflohene Sklave Jim, ihre zahlreichen Abenteuer.

Der folgende Textauszug bildet den Beginn des fünften Kapitels des Romans; er schildert eine überraschende Begegnung Hucks mit seinem Vater, einem Landstreicher, der den Erziehungsversuchen der reichen Witwe Douglas an seinem Sohn Huck fassungslos gegenübersteht:

Hucks Vater

Ich hatte die Tür zugemacht. Dann hab ich mich umgedreht, und da saß er. Ich hab immer Angst vor ihm gehabt, er hat mich so oft durchgebläut. Ich glaub, ich hatt auch diesmal Angst; aber schon bald hab ich gemerkt, dass ich mich getäuscht hatte. Das heißt, nach dem ersten Schock sozusagen, wo mir fast die Luft weggeblieben ist, wie er so unerwartet dasaß; aber dann hab ich im Nu gemerkt, dass ich meine Angst vor ihm glatt vergessen konnte.

Er war an die fünfzig und man sah's ihm an. Sein Haar war lang und wirr und schmierig und hing runter, und seine Augen funkelten wie hinter Kletterranken vor. Es war ganz schwarz, kein bisschen Grau drin; und so war auch sein langer Zottelbart. Keine Farbe war in seinem Gesicht, wo sein Gesicht noch zu sehen war; es war weiß; kein Weiß wie bei anderen Leuten, ein Weiß, dass es einem kalt übern Rücken lief – ein Baumkrötenweiß, ein Fischbauchweiß. Und seine Kleider – Lumpen, sonst nichts. Den einen Fuß hatte er aufs Knie vom anderen gelegt; der Stiefel war an diesem Fuß vorn aufgeplatzt, und zwei Zehen haben sich durchgebohrt, die er ab und zu bewegte. Sein Hut lag auf dem Boden; ein alter schwarzer Schlapphut, oben eingedellt wie ein Topfdeckel.
Ich stand da und sah ihn an; er saß da und sah mich an, den Stuhl ein bisschen nach hinten gekippt. Ich stellte die Kerze ab. Ich sah, dass das Fenster auf war; er war also übern Schuppen reingekommen. Von oben bis unten hat er mich angestiert. Nach ner Weile sagt er: „Noble Kleider – soso. Denkst wohl, du bist schon bald 'n hohes Tier – was?"
„Vielleicht, vielleicht auch nicht", sag ich. „Werd mir ja nich frech! Tust ganz schön vornehm, seit ich weg bin. Ich werd dir nen Dämpfer aufsetzen, eh wir miteinander fertig sind. Und zum Unterricht gehste auch, sagen se; kannst lesen und schreiben. Bildest dir wohl ein, du bist jetzt was Bessres als dein Vadder, weil der's nich kann, was? Ich werd dir das austreiben! Wer hat'n dir gesagt, du sollst dich mit so'm großkotzigen Blödsinn abgeben, he? – Wer hat'n dir das gesagt?"
„Die Witwe. Die hat's gesagt."
„Die Witwe, he? – Und wer hat der Witwe gesagt, sie soll ihre Nase in was reinstecken, was sie überhaupt nix angeht?"

„Niemand."

„Also, der wird ich beibringen, sich einmischen! Und hörmal – mit der Schule, da ist jetzt Schluss, verstanden? Ich wird den Leuten lernen, einen Jungen so erziehn, dass er sich vor seim eigenen Vater aufspielt und so tut, wie wenn er was Bessres ist als er. Lammich dich ja nich erwischen, wenn du dich wieder um die Schule da rumtreibst, verstanden? Deine Mutter hat nich lesen und nich schreiben können, nix, bis sie gestorben ist. Keiner aus der Familie hat's können bis sie gestorben sind! Und ich auch nich. Ich bin nicht der Mann, der sich das gefallen lässt – verstanden? Sag mal – lammich mal hörn, wie du liest."

Ich nahm ein Buch und fing mit was an über General Washington und die Kriege. Als ich so ne halbe Minute gelesen hatte, hat er mit der Hand aufs Buch geschlagen und es quer durch die Gegend geschmissen. Er sagt: „Stimmt. Du kannst's. Ich hatt noch so meine Zweifel. Jetzt hör mal zu: das mit dem Vornehmtun hört auf. Ich duld es nicht. Und ich wird dich abpassen, du Klugscheißer, und wenn ich dich bei der Schule da erwisch, dann versohl ich dich – und wie! Und auf einmals wirste auch noch fromm! So'n Sohn hab ich noch kein erlebt."

1 Ein erstes Element einer Charakterisierung bezieht sich auf das Äußere der zu charakterisierenden Figur.
Welches Erscheinungsbild vermittelt Hucks Vater? Füge Zitate in deine Antwort ein.

____

____

____

____

____

____

2 Welche Aussagen zum Lebensweg oder zur Biografie von Hucks Vater lassen sich dem Text entnehmen?

____

____

____

____

3 Wie lassen sich Sprache und Gesprächsverhalten von Hucks Vater charakterisieren? Belege deine Beobachtungen mit Zitaten.

4 Beschreibe die gesellschaftliche Rolle, die Hucks Vater anscheinend einnimmt.

5 Welche Ansichten prägen das Weltbild des Vaters?

6 Welches sind die dominanten Wesenszüge des Vaters?

5.5 Inhalte zusammenfassen

Lies zunächst den folgenden Text, in dem der Autor Peter Weiss von einem unangenehmen Erlebnis mit glücklicher Wendung erzählt:

Nicht versetzt

Ich kam mit dem Schulzeugnis nach Hause, in dem ein schrecklicher Satz zu lesen war, ein Satz, vor dem mein ganzes Dasein zerbrechen wollte. Ich ging mit diesem Satz große Umwege, wagte mich nicht mit ihm nach Hause, sah immer wieder nach, ob er nicht plötzlich verschwunden war, doch er stand immer da, klar und deutlich. Als ich schließlich doch nach Hause kam, weil ich nicht die Kühnheit hatte, mich als Schiffsjunge nach Amerika anheuern zu lassen, saß bei meinen Eltern Fritz W. Was machst du denn für ein betrübtes Gesicht, rief er mir zu. Ist es ein schlechtes Zeugnis, fragte meine Mutter besorgt, und mein Vater blickte mich an, als sehe er alles Unheil der Welt hinter mir aufgetürmt. Ich reichte das Zeugnis meiner Mutter hin, aber Fritz riss es mir aus der Hand und las es schon und brach in schallendes Gelächter aus. Nicht versetzt, rief er, und schlug sich mit seiner kräftigen Hand auf die Schenkel. Nicht versetzt, rief er noch einmal, während meine Eltern abwechselnd ihn und mich verstört anstarrten, und zog mich zu sich heran und schlug mir auf die Schultern. Nicht versetzt, genau wie ich, rief er, ich bin viermal sitzengeblieben, alle begabten Männer sind in der Schule sitzengeblieben. Damit war die Todesangst zerstäubt, alle Gefahr war vergangen. Aus den verwirrten Gesichtern meiner Eltern konnte sich keine Wut mehr hervorarbeiten, sie konnten mir nichts mehr vorwerfen, da ja Fritz W., dieser tüchtige und erfolgreiche Mann, alle Schuld von mir genommen hatte und mich dazu noch besonderer Ehrung für würdig hielt.

1 Die Einleitung einer Inhaltsangabe informiert einen Leser im Überblick, in dem etwas zu Autor, Titel, Textsorte und Erscheinungsjahr gesagt sowie eine knappe Handlungsübersicht gegeben wird.
Verfasse die Einleitung einer Inhaltsangabe zum Text von P. Weiss.

2 Im Hauptteil einer Inhaltsangabe werden die Handlungsschritte zusammengefasst und dann gegliedert und mit eigenen Worten wiedergegeben.
Gliedere die Erzählung von P. Weiss in drei Abschnitte und schreibe den Hauptteil der Inhaltsangabe.

3 Besonders gut ist deine Inhaltsangabe, wenn du zum Beispiel mithilfe von Satzgefügen den zeitlichen und ursächlichen Zusammenhang der Handlungsschritte verdeutlichst. Es sollte klar werden, wann, warum und mit welchen Folgen etwas geschieht.
Überarbeite deinen Text mithilfe der folgenden adverbialen Bestimmungen und unterordnenden Konjunktionen, die einen zeitlichen und ursächlichen Zusammenhang der Handlungsschritte herstellen:

- zeitlicher Zusammenhang (anschließend, zunächst, schließlich, sofort danach …; als, nachdem, bevor, während …)

- ursächlicher Zusammenhang (aus diesem Grund, deshalb, nämlich, als Folge davon ...; weil, da, sodass, obwohl ...)

4 Wende nun deine Kenntnisse an, indem du zu W. Borcherts „Nachts schlafen die Ratten doch" (S. 90ff.) eine Inhaltsangabe verfasst.

5 Der folgende Text eines Hirnforschers über das Glück erschien in einer großen deutschen Tageszeitung.
Bevor du ihn ganz durchliest, notiere einige Stichwörter zu folgenden Fragen:

- Welches sind deine Leseerwartungen, wenn du den Titel „Happy-Thalamus" liest?

____

____

____

- Welche Vermutungen zum Text kannst du entwickeln, wenn der Autor als „Philosoph und Biologe" charakterisiert wird?

____

____

____

- Kannst du den folgenden Aussagen im Untertitel des Artikels zustimmen? Welche Widersprüche regen sich?
Glück im Kopf: Beachte: Du kannst nur überleben, wenn du nicht zu oft glücklich bist. Dasselbe Glück erlebst du nie zweimal, und Arbeit lohnt sich.

____

____

____

____

____

Lies nun den Text von G. Roth gründlich:

HAPPY-THALAMUS

Gerhard Roth, Philosoph und Biologe, ist Leiter des Instituts für Hirnforschung an der Universität Bremen.
Glück im Kopf: Beachte: Du kannst nur überleben, wenn du nicht zu oft glücklich bist. Dasselbe Glück erlebst du nie zweimal und Arbeit lohnt sich.

Versuchen Sie, sich an die glücklichsten Momente in Ihrem Leben zu erinnern! Es wird Ihnen nicht auf Anhieb gelingen. Die furchtbarsten Augenblicke dagegen haben sie sofort vor Augen, die brennen sich ein. Aus biologischer Sicht gibt es gute

Gründe, warum das so ist. Ich beschäftige mich bei meiner Arbeit vor allem mit der Entstehung von negativen Gefühlen und wie sie unser Leben bestimmen. Dabei lerne ich viel über das Glück. Warum wir so selten glücklich sind und so oft in Furcht? Ganz einfach. Weil die Furcht für das Überleben wichtiger ist als das Glück. Ob wir glücklich sind oder unglücklich – wir leben trotzdem. Wenn wir aber bei Rot über eine Straße laufen, weil wir keine Furcht haben, werden wir womöglich überfahren. Glück hat die unangenehme Eigenschaft, dass es die Furcht und den Realitätssinn verdrängt. Deshalb sind die Stoffe, die im Gehirn ein Glücksgefühl auslösen, viel kurzlebiger als die, die uns in Furcht versetzen. Wir sind nur lebensfähig, wenn wir nicht zu oft glücklich sind. Die Tragik unserer Existenz.
Chemisch gesehen sind die Stoffe, die in einem Teil des Gehirns freigesetzt werden, Drogen wie Ecstasy sehr ähnlich. Die Ausschüttung dieser Stoffe kann man bei Testpersonen verfolgen. So gesehen ist Glück messbar. Je mehr hirneigene Opiate ausgeschüttet werden, desto glücklicher sind wir. Das ist bei jedem gesunden Menschen gleich. Leider ist der Zustand auch rein chemisch nur von kurzer Dauer. Was den Einzelnen einmal glücklich machen soll, bildet sich schon früh in der Kindheit aus. Manche Kinder klammern sich an die Mutter, sind ängstlich, die anderen krabbeln herum, können gar nicht genug unterwegs sein. So findet der eine später sein Glück eher im stillen Kämmerchen, der andere in der weiten Welt. Der eine kriegt den Kick bei der Eroberung einer Frau oder eines Mannes, ein anderer beim Gewinn eines Nobelpreises oder bei einem Olympiasieg. Das letzte Mal, als ich glücklich war? Ich erhielt einen Preis, und fast tausend Menschen applaudierten minutenlang. Da war ich überwältigt. Dieser rauschhafte Augenblick, den unser Gehirn für uns bereithält, entlohnt für alles. Für diese kurzen und seltenen Momente trainieren und ackern wir oft jahrelang und nehmen viel Frust auf uns. Je länger wir für etwas gekämpft haben, desto stärker ist das Glück, das wir empfinden. Das liegt daran, dass es im Gehirn einen Bewertungsapparat gibt, der feststellt, wie sehr wir die Belohnung verdient haben. Je mehr, umso glücklicher.
Glück kann man auch mit Drogen hervorrufen. Das Drogenglück kann so stark sein wie zehn Nobelpreise oder zehn Olympiasiege auf einmal und das ist problematisch. Denn wenn man ein solches Gefühl einmal erlebt hat, hat man eine neue Vorstellung von Glück, die ohne Drogen nicht zu erreichen ist. Außerdem stellt das Gehirn fest, dass die Belohnung nicht verdient war. Es reagiert dann wie ein verwöhntes Kind, es will die Belohnung immer wieder, ohne etwas dafür tun zu müssen. Nach häufigerem Konsum ruft die Droge aber kein Glück mehr hervor, sondern betäubt nur noch das Unwohlsein. Auch eine tragische Eigenschaft des Glücks: Es ist in derselben Form auf Dauer selbst mit Drogen nicht wiederholbar. Wir sehnen uns ja alle nach vergangenem Glück. Das Gehirn merkt sich jedoch, wenn wir ein Glücksgefühl schon mal hatten. Beim zweiten Mal ist es nicht mehr so stark. Auch dafür gibt es einen biologischen Grund. Unser Unterbewusstes treibt uns so dazu, neue Dinge zu probieren: neue Beziehungen zu

haben, neue Berge zu besteigen, neue Welten zu erforschen. Der Mensch ist so verbreitet auf diesem Planeten, weil er sehnsüchtig ist, immer auf der Suche. Auch aus diesem Grunde gibt es wohl kein endgültiges Glück. Denn wenn es das geben würde, würden wir wahrscheinlich gar nichts mehr machen und aussterben.

6 Welches Thema behandelt der Text? Kreuze eine Möglichkeit an.

- ☐ Der Text thematisiert die Frage nach dem Glück und der Vergänglichkeit von Glücksgefühlen.
- ☐ Im Text wird untersucht, unter welchen Bedingungen Menschen glücklich sind.
- ☐ Im Text wird die Frage nach der Entstehung von Glück und Unglück aufgeworfen.
- ☐ Der Text thematisiert die Frage nach dem Glück aus biologischer und chemischer Sicht.

7 An welchen Leserkreis richtet sich der Text möglicherweise und was könnte die Intention des Autors sein?

____

____

____

____

8 Der Text ist so aufgebaut, dass die Druckabschnitte mit den Sinnabschnitten übereinstimmen. Formuliere zu jedem Sinnabschnitt eine Überschrift.

Zeile 1–29: ______________________________

Zeile 30–69: ______________________________

Zeile 70–107: ______________________________

9 Schreibe nun eine Zusammenfassung des Textes. Beachte dazu:

- Die Einleitung beschreibt die äußeren Textmerkmale (Autor, Titel, Erscheinungsort und -jahr) und das Thema des Textes.
- Die Wiedergabe der drei Sinnabschnitte erfolgt gegliedert.
- Baue für jeden Sinnabschnitt ein zentrales, mögliches knappes Zitat ein und versuche dich im Übrigen vom Wortlaut des Textes zu lösen.

5.6 Vortragen und Referieren

1 Lies den folgenden Text gründlich.
Bearbeite ihn für einen Lesevortrag, indem du Lesepausen durch einen senkrechten Strich markierst und Wörter und Wendungen, die du betonen möchtest, unterstreichst.

Du solltest ein gesundes Selbstwertgefühl haben.
Hast du schon einmal einen erfolgreichen Menschen mit Minderwertigkeitskomplexen kennen gelernt? Kaum.
Dieser Mensch hätte es nämlich gar nicht gewagt, erfolgreich zu werden. Er hätte seinen Mut und seine Tüchtigkeit lieber verborgen, weil er ohne entsprechendes Selbstwertgefühl die Aufmerksamkeit oder gar Kritik der anderen gefürchtet hätte.
Wer kein gesundes Selbstbild besitzt und von seinem eigenen Wert und Können nicht überzeugt ist, wer von der Meinung, die andere über ihn haben, abhängig ist und seine Kraft aus der Bewertung der Umwelt schöpft, wird sich kaum getrauen, aufrecht zu stehen und aus der Mittelmäßigkeit auszubrechen.
Aufgaben gradlinig auszuführen erfordert ein starkes Rückgrat und dies setzt sich aus Selbstbewusstsein, Selbstvertrauen und einem positiven Selbstbild zusammen. Glaube also an dich selbst.

2 Lies den Text nun einem Partner vor.
Bitte diesen zuvor, die Lesezeit zu stoppen, sowie um eine kurze Einschätzung deines Vortrags nach dem Lesen.

3 Das sachgemäße und zuhörerfreundliche Referieren eines Fachgegenstandes wird neben einer guten Vortragsweise auch durch eine angemessene Körperhaltung unterstützt.
Betrachte die folgenden Abbildungen und schätze durch ein „eher richtig" oder „eher falsch" ein, ob du die dargestellte Körperhaltung für eine Referatsituation für angemessen hältst, und begründe kurz:

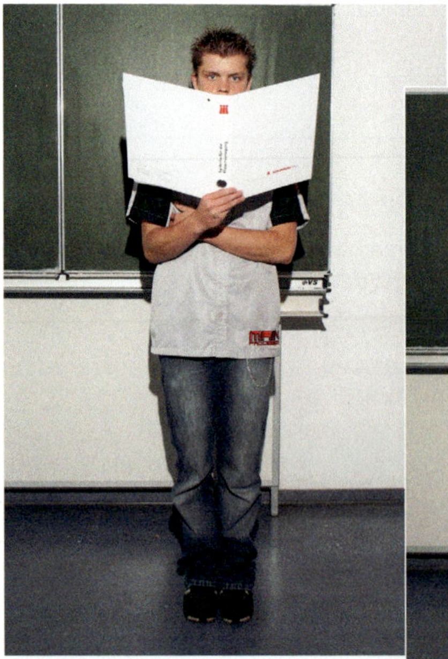
Abb. 1

Abb. 2
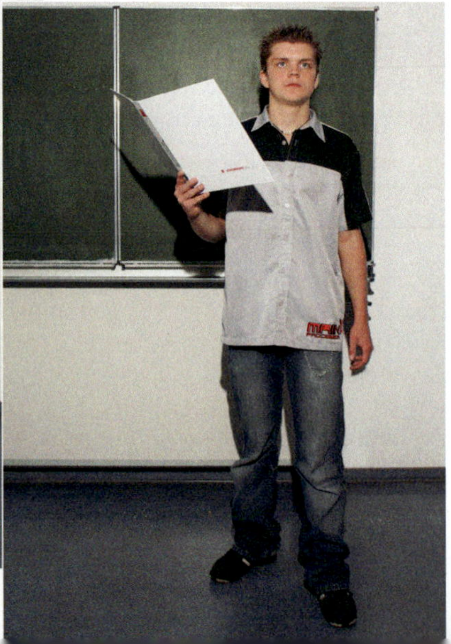

Abb. 3

Abb. 4

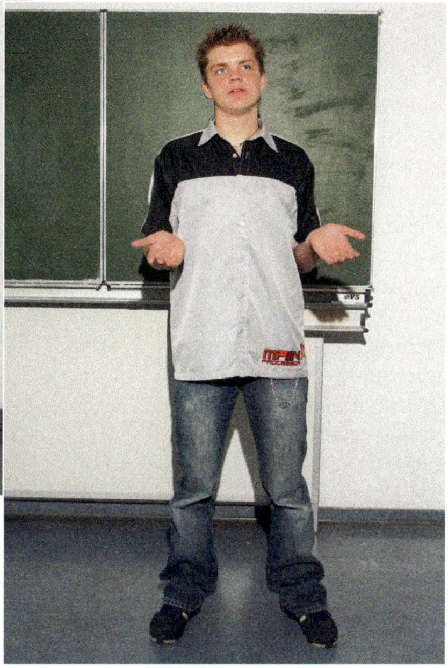

Abb. 5

4 Die zentrale Voraussetzung für das gute Gelingen eines Referats ist die gründliche inhaltliche Vorbereitung.
Erstelle mithilfe der Hinweise für ein erfolgreiches Referat (vgl. S. 88f.) eine Checkliste, die du bei der Vorbereitung auf ein Referat Punkt für Punkt abarbeiten kannst.

- *Welche Recherchemöglichkeiten habe ich genutzt?*
- *Ist das Thema möglichst eng begrenzt und genau formuliert?*
- ____________________
- ____________________
- ____________________
- ____________________
- ____________________
- ____________________

Register

Textquellen

S. 19	Walther von der Vogelweide: Ich saß auf einem Steine. Aus: Max Wehrli (Hrg.): Deutsche Lyrik des Mittelalters. Zürich: Manesse 1955, S. 208 – 211
S. 20	Andreas Gryphius: Es ist alles eitel. In: Manfred Mai: Geschichte der deutschen Literatur. Weinheim: Beltz & Gelberg" 2001, S. 32
S. 36 – 41, 43 – 44	Epochen der Literatur: Literatur im Hohen Mittelalter, Barock, Aufklärung und Sturm und Drang, Klassik, Realismus. Aus: Heinrich Pleticha: dtv-junior Literaturlexikon. Berlin und München: Cornelsen und Deutscher Taschenbuch Verlag, 15. Auflage 2003, S. 93f., 97f., 99f., 101f., 106f.
S.42 – 43	Epochen der Literatur: Romantik. Aus: Franz Waldherr, Stefan Wiesekopsieker: Aufsatz 9/10. Paderborn: Schöningh Verlag im Westermann Schulbuchverlag 2004, S. 50 – 52
S. 90 – 92	Wolfgang Borchert: Nachts schlafen die Ratten doch. Aus: Wolfgang Borchert: Das Gesamtwerk. Hamburg: Rowohlt Verlag 1991
S. 100 – 101	Bertolt Brecht: Der gute Mensch von Sezuan (Auszüge). Frankfurt (Main): Suhrkamp 1977, S. 16. 139 – 143
S. 108 – 109	Erich Kästner: Die Entwicklung der Menschheit. In: ders.: Gesang zwischen den Stühlen. München: Knaur Verlag o.J., S. 9f.
S. 120 – 121	„Wir brechen das Schweigen". In: Lippe aktuell, September 1995, Autor unbekannt.
S. 122	Stefan Hübner: Jugendliche greifen häufiger zum Alkohol. In: Frankfurter Rundschau vom 15. Dezember 2004
S. 124	Saskia ist eine von zwölf jugendlichen Patienten ... In: Frankfurter Rundschau vom 31. Dezember 2004 (Teen Spirit Island, Hannover)
S. 125	Ute Diefenbach: „Fast alle unsere Patienten haben eine tragische Geschichte" ... In: Frankfurter Rundschau vom 8. Januar 2005
S. 126 – 127	Alkohol: Lebensfreude oder Abhängigkeit? (Auszug, gekürzt und leicht verändert) In: Deutsche Hauptstelle gegen die Suchtgefahren e.V. (Hrg.): betroffen. Hamm o.J.
S. 130 – 134	„Alles ist irgendwie tot". Aufgezeichnet von Ute Diefenbach. In: Frankfurter Rundschau/ Magazinchen, 31. Dezember 2004 und 8. Januar 2005
S. 143	Michael Schlag: Elektronisches Spielzeug. In: Frankfurter Rundschau vom 11. Juni 2005
S. 157 – 158, 19 (Lös)	Eine Liebesgeschichte. Nach: Christine Nöstlinger, Jutta Bauer: Ein und alles. Weinheim: Beltz Verlag 1992
S. 164	Peter Reul: Werbung in Schulen. In: Focus 6/1998, S. 56
S. 166	Meerjungfrau enthauptet. In: Lippische Landes-Zeitung vom 7. Januar 1998
S. 167	Abgesägter Kopf ist wieder da. In: Lippische Landes-Zeitung vom 10. Januar 1998
S. 167	Meerjungfrau: Kameramann verhaftet. In: Lippische Landes-Zeitung vom 6. Februar 1998
S. 171 – 172	Mark Twain: Die Abenteuer des Huckleberry Finn (Auszug). Stuttgart: Reclam 1991, S. 30 – 32
S. 174	Peter Weiss: Nicht versetzt (Auszug). In: ders.: Abschied von den Eltern. Frankfurt/Main: Suhrkamp Verlag 1992. S. 49f.
S. 175 – 177	Gerhard Roth: Happy-Thalamus. In: Jetzt (Süddeutsche Zeitung) vom 13. Mai 2002
S. 9 – 10 (Lös)	Nibelungenlied: 16. Aventüre. Übersetzung von Helmut Brackert. In: Brackert, Helmut: Beiträge zur Handschriftenkritik des Nibelungenliedes. Berlin: de Gruyter 1963.

Bildnachweis

19: Manessische Handschrift, Heidelberg – 26: Wolfgang Borchert Archiv. Hamburg – 27 (o.): © dpa – 27 (u.), 29, 30, 32, 33 (u.), 34: © AKG, Berlin – 31: Verlagsarchiv Schöningh – 33: Keystone – 45, 52: Matthias Berghahn, Bielefeld – 109: ullstein-AP – 178/179: Günter Schlottmann, Paderborn